소통을 위한 설득의 기술

소통을 위한 설득의 기술

소통을 위한 설득의 기술

고창운 · 윤재연

역락

서문

사람은 늘 말을 하며 산다. 사람이 하는 말 가운데에는 사랑을 부르는 말이 있는가 하면 미움을 부르는 말도 있다. 불통을 가져와 관계 단절에 이르는 말이 있는가 하면 원활한 소통이 일어나 서로 이해하고 협동하는 결과를 가져오는 말도 있다. 우리 모두는 사랑과 소통과 상호 이해를 바라며 산다.

이 책은 사람이 말로 하는 여러 행위 가운데에서도 특히 소통, 상호 이해, 협동 등의 목적 달성을 위해 의도한 반응을 이끌어내는 설득적 의사소통을 대상으로 논의를 전개한 것이다. 구체적으로 설득의 본질에서 시작하여 설득의 참여자, 설득과 메시지, 설득의 효과, 설득의 법칙 등을 7개의 장으로 나누어 기술하였다. 내용을 간략하게 정리하여 나열하면 다음과 같다.

1장에서는 설득의 본질이 커뮤니케이션임을 지적하고 그 유형과 속성에 대해 살폈다.

2장에서는 설득 참여자 가운데 생산자가 갖추어야 할 조건인 '믿음, 매력, 권위'를 중심으로 각 조건의 구체적 형성 요소를 분석하였다.

3장에서는 인구통계학적, 사회문화적, 심리적 차원에서 설득 수용자를 예측하고, 수용자의 태도를 미리 예측하는 방법에 대해서 다루었다.

4장에서는 설득의 효과에 관여하는 언어적 메시지의 측면을 메시지 내용, 메시지 형식, 소구 방식의 세 차원으로 나누어 관련된 세부 내용을 논의하였다.

　5장에서는 준언어적 메시지로서 목소리 크기, 속도, 강세, 억양, 말투를 살피고, '시선, 얼굴표정, 몸짓, 신체적 접촉, 상대방과의 거리, 위치'의 측면에서 비언어적 메시지를 다루었다.

　6장에서는 '수용자의 태도와 행동에 변화'를 가져오는 설득의 효과와 관련하여 태도란 무엇인지, 태도와 행동의 변화를 가져오는 이유는 무엇인지 등을 살피고, 이를 바탕으로 효과적인 설득이 무엇인지에 대하여 논의하였다.

　7장에서는 우리의 마음이 움직이는 이유를 인간 심리에 작용하는 여섯 가지 법칙을 중심으로 설명하였다. 이는 상호성, 일관성, 사회적 증거, 호감, 권위, 희귀성의 법칙으로서, 기본 틀은 로버트 치알디니의 『설득의 심리학』(Robert B. Cialdini, 2001)을 따랐으나 특별한 몇몇 인용을 제외하고는 견해와 해석을 덧붙이고, 다양한 사례를 추가하여 논의를 보완하였다.

　마지막 장에서 다루고 있듯이 진정한 소통과 상호 이해는 그 어떤 이론보다도 결국 사람의 마음과 태도에 달려 있는 것인데 이는 일찍이 공자가 '교언영색선의인(巧言令色鮮矣仁)'이라 하여 겉치레가 아닌 진실하고 성실한 태도를 강조한 것과도 맥을 같이하는 것이다. 그러므로 이 책에서 제시하는 여러 이론적 논의는 무엇보다도 진실한 사람의 마음과 태도를 전제한 뒤에 할 수 있는 논의임을 이해해야 올바른 이해가 될 것이다.

2013.02. 저자 일동

차례

제1장 **설득과 커뮤니케이션**

인간의 삶은 타인과의 관계 속에서 영위된다. 관계는 새로운 관계로 발전되기도 하고, 일시적 관계에서 끝나버리기도 한다. 지금까지 맺어 왔던 관계들을 끊임없이 새로운 관계로 변화해간다. 관계는 좀 더 돈독하고 끈끈한 관계가 되기도 하고, 이전보다 서먹서먹하고, 소원한 관계가 되기도 한다. 이러한 관계 맺기와 관계의 유지는 커뮤니케이션이 없다면 불가능할 것이다. 결국 관계의 문제는 소통의 문제가 되며, 인간 관계에서 이루어지는 소통은 설득이 많은 부분을 차지한다.

1. 커뮤니케이션의 개념

커뮤니케이션은 인간의 가장 기본적인 활동으로서 기호적 상징을 사용하여 정보나 의견을 주고받는 행위이다.

1) 커뮤니케이션의 구성 요소

커뮤니케이션의 구성 요소는 커뮤니케이션의 의도를 가진 주체, 의도를 실현하고자 하는 대상, 커뮤니케이션의 의도를 담은 메시지, 커뮤니케이션이 이루어지는 상황의 4가지 요소로 이루어진 인간 활동이다. 커뮤니케이션의 의도를 가진 주체는 일반적 의미의 화자를, 의도를 실현하고자 하는 대상은 일반적 의미의 청자를 의미하지만, 커뮤니케이션에 있어서 화자는 말하는 사람인 동시에 듣는 사람이고, 청자 역시 듣는 사람인 동시에 말하는 사람이다. 화자는 메시지의 의도를 갖고, 메시지를 만들어내는 능동적인 주체이며, 청자는 화자로부터 주어지는 메시지를 해석하고 수용하는 능동적인 주체이다. 따라서 이 책에서는 이들이 메시지의 생성, 해석과 수용에 능동적으로 참여하는 주체라는 점에서 화자를 생산자, 청자를 수용자라 부를 것이다.

● 커뮤니케이션의 과정

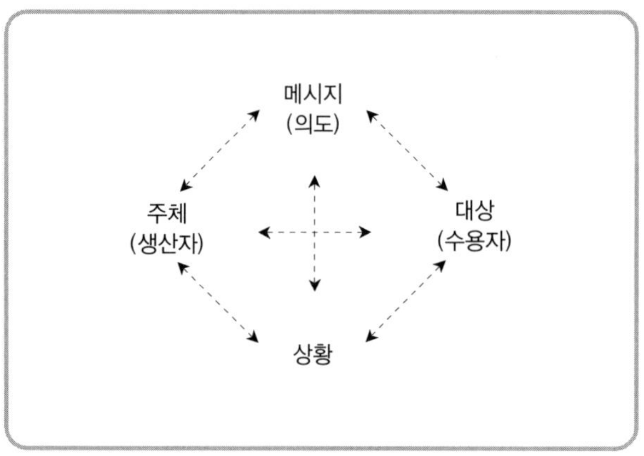

2) 커뮤니케이션의 속성

커뮤니케이션은 커뮤니케이션 구성 요소들의 상호 통합적이고 역동적인 상호과정으로 이루어진다. 커뮤니케이션은 정보의 투입과 산출이라는 단선적이고 일방적인 정보 처리의 과정이 아니다. 실제 의사소통이 이루어지는 상황은 소음을 제거하기만 하면 되는 진공 상태가 아니라 여러 가지 요인들이 복합적으로 작용하는 매우 역동적인 것이다. 생산자와 수용자의 역할은 고정된 것이 아니라 의사소통의 과정에서 수시로 바뀌며, 의사소통에서 전달되는 메시지는 기호로 표현된 구체적 사고로 간주되기도 하고, 생산자가 믿거나 원하는 것과 같은 의사소통의 의도로 생각되기도 한다. 또한 메시지에는 기호로 전달되는 언어적인 의미뿐만 아니라 상황 맥락에 의하여 전달되는 상황적 의미나 발화 의도 등의 언어 외적 의미가 관여하고 있기 때문에, 메시지의 전달은 단순히 생산자에 의한 기호화와 수용자에 의한 해독만으로 가능하지 않을 뿐만 아니라, 맥락에 포함되어 있는 정보들이 다양한 의미 해석에 영향을 준다. 그러므로 성공적인 의사소통을 위해서 의사소통 참여자에게는 세상 지식의 공유, 사용 언어에 대한 지식, 사회 또는 문화적 규범 등에 대한 지식 등이 요구된다. 이와 같이 커뮤니케이션은 커뮤니케이션 구성 요소들의 역동적이고 통합적인 과정으로 이해되어야 한다. 위의 그림에서 커뮤니케이션의 4가지 구성 요소들 사이에 그려진 쌍방향 화살표는 이를 표현한 것이다.

커뮤니케이션은 '인간 상호 간의 이해와 나눔'을 궁극적 목표로 한다. 인간은 커뮤니케이션을 통하여 서로의 생각을 주고받음으로써 서로의 삶을 공유하고 관계를 형성해 나간다. 원활하고 활발한 의사소통은 관계를 긍정적으로 발전시키지만, 커뮤니케이션이 시도되지 않는 사람들은 서로 관계를 형성할 수 없을 뿐만 아니라, 원활한 소통이 이루어지지 않을 경우, 관계는 단절되거나 변질된다. 따라서 사람 사이에 커뮤니케이션이 이루어진다는 것은 어떤 방식으로든 그들 사이에 관계가 형성되었다는 것을 의미한다. 이 관계가 발전적으로 나아가기 위해서는 반드시 효과적인 의사소통의 방법을 찾아야 하는 것이다.

3) 커뮤니케이션 연구의 흐름[1]

(1) 일방향적 커뮤니케이션

커뮤니케이션에 대한 논의는 고대 그리스-로마 시대의 수사학(rhetoric)으로 거슬러 올라간다. 수사학에서는 연설가가 청중이 누구인지에 관계없이 그들이 봉착한 문제를 가장 잘 표현하는 방식에 대한 실질적인 조언을 찾았다. 수사학적 커뮤니케이션 연구 전통의 특징은 다음과 같다. 첫째, 스피치는 인간을 다른 동물과 구별해준다. 둘째, 정치적 문제의 해결에 있어서 공중 연설은 법령이나 강제력보다 효율적이다. 셋째, 공중 연설은 본질적으로 일방향적 커뮤니케이션이다. 넷째, 화자는 강력한 논쟁력을 가져야하고, 군중 저편까지 자신의 목소리를 전달하기 위한 방법을 익혀야 한다. 다섯째, 사람을 감정적으로 움직이고, 행위에 이르도록 하기 위해 수사법을 익혀야 한다.

일방향적 커뮤니케이션의 논의는, 커뮤니케이션의 성과가 오직 화자의 능력에 좌우된다고 보는 점에서 한계가 있다. 커뮤니케이션은 본질적으로 화자 혼자에 의한 것이 아니라, 청자, 상황, 메시지 등 나머지 요소들과의 통합적인 상호작용의 결과물이기 때문이다.

⑵ 정보 처리 과정

클로드 새넌(Claude Shannon)은 커뮤니케이션을 정보 처리 과정으로
이해했다. 벨 전화회사 소속 연구 과학자였던 그는 메시지의 의미나 청
취자에 대한 메시지의 효과에는 전혀 관심이 없었던 반면, 어떻게 하면
화자의 메시지를 원음과 똑같은 소리로 청자에게 전송할 수 있을 것인
가 하는 기술적 문제 해결에 관심을 두었다. 어떤 정보원이 메시지를
유선 전화라는 채널의 전화 송신구를 통해 신호로써 전달하면, 변환된
신호는 수신자의 수화기에 전달되도록 재전환된다. 그런데 이 과정에
서 수신자에게 수신된 신호에는 잡음이 생기고, 정보 전송의 전 과정에
서 정보원이 전송한 정보의 손실이 발생한다. 그러므로 수신된 메시지
는 정보원이 보낸 것과는 최종적으로 같은 것이 아니다. 따라서 정보
이론의 궁극적 목적은 하나의 시스템이 옮길 수 있는 정보의 양을 어
떻게 극대화할 것인가, 전달하고자 하는 메시지를 어떻게 하면 주변의
'잡음'들과 섞이지 않게 하여 온전하게 전달할 것인가에 있었다. 새넌
(Shannon)은 '비트'로써 어떤 메시지든 코드화할 수 있다고 설명하였다.
주변에 아무리 복잡한 잡음이 많다 하더라도 0과 1의 비트 코드로써
원하는 메시지를 온전히 전달될 수 있음을 강조하였다. 그의 이론은 오
늘날 수많은 과학 분야와 컴퓨터 정보 처리 분야에 광범위하게 적용될
만큼 위대한 것이다. 다만 커뮤니케이션의 본질을 고려할 때, 잡음도
일종의 커뮤니케이션 요소로 기능할 수 있다는 점을 간과했다는 점에
서 '커뮤니케이션' 연구로서는 한계를 지닌다 하겠다.

⑶ 인간관계 커뮤니케이션

사회심리학적 연구 전통에 속한 학자들은 커뮤니케이션 행위의 성패

를 예측하는 인간관계를 규명하고자 하였다. 이러한 인과적 관련성에 대한 모색은 '어떤 사람을 변화시키기 위해 우리가 무엇을 할 수 있는 가?'를 고민하도록 해 주었다. 칼 호블랜드(Carl Hovland)는 커뮤니케이션 효과 연구에서 실험 연구를 체계적으로 수행한 '선구자' 가운데 한 사 람으로, 커뮤니케이션의 자극, 수용자의 선유 경향, 의견 변화 사이의 관계에 대한 경험적 가정의 토대를 연구하고 30명의 예일 대학교 연구 진을 이끌면서 '초기 사회심리학적 이론 정립을 위한 틀'을 지속적으로 제공하였다. 예일 대학교의 태도 연구는 '누가, 누구에게, 무엇을 얘기 해서, 어떠한 효과를 가지는가?'라는 이론적 틀 속에서 연구를 수행하 여 설득적 변화에 작용하는 3개의 독립적 변인을 발견했다. 이들은 메 시지 정보원(전문성, 진실성), 메시지 내용(위협 소구, 논쟁 순서), 수용자 특성 (개성, 영향력에 대한 민감성)인데, 예일학파가 가장 주목을 받은 것은 정보원 의 공신력에 대한 연구 때문이었다. 호블랜드와 동료들은 낮은 공신력 의 정보원 메시지보다 높은 공신력의 정보원 메시지가 더 큰 의견 변 화를 양산한다는 사실을 발견했다.

2. 설득과 커뮤니케이션

설득은 다른 사람을 인간과 인간 사이에 이루어지는 커뮤니케이션 활동의 한 종류라는 점에서 커뮤니케이션으로 이해되어야 한다. 이에 대한 학문적 근거를 찾고, 설득의 본질에 대한 깊이 있는 성찰을 통해 설득과 커뮤니케이션의 관계를 살펴보도록 하겠다.

1) 수사학과 설득

고대 그리스-로마 시대의 커뮤니케이션에 연구 전통에서 살펴보았듯이, 이 시기의 커뮤니케이션의 관심은 연설가가 연설을 하기 위한 효과적인 방안에 대한 것이었다. 그런데 연설은 곧 설득이라는 점에서, 이 시기의 커뮤니케이션에 대한 연구는 결국 설득에 대한 연구라고 할 수 있다.

수사학의 아버지라 일컬어지고 있는 시칠리의 코락스(Corax)는 『수사술』(Rhetorike Teche, B.C.470년경)이라는 책에서 "설득이란 청중으로부터 화자가 바라는 반응을 불러일으키기 위한 기술"이라고 정의하였으며, 고대 그리스 유명한 철학자 플라톤은 저서 『피드러스』(Phaedrus, B.C.388)에서 "설득 또는 설득 술(術)이란 언어를 통하여 사람들의 마음(soul)에 영향을 미치는 기술"이라고 정의하였다. 또한 아리스토텔레스는 『수사학』(Rethoric, B.C.330)에서 "수사학은 문답법의 형제학문"이라고 하고 그 학문대상인 설득 또는 설득 술(術)에 대해서 "삼단논법(syllogism) 등과 같은 연역적 설명방법을 사용하는 문답법과는 달리, 대중들이 쉽게 이해할 수 있는 약식 삼단논법(enthymeme)이나 예시 등의 귀납적 추리방법을 사용, 다른 사람들의 마음에 영향을 미치고자 하는 논증법(demonstration)"이라고 정의하였다.[2]

2) 커뮤니케이션과 설득

고대 그리스 이후 19세기에 이르기까지 설득에 대한 정의는 수사학의 입장에서 다루어지고 있었다. 그러나 20세기에 들어서면서 설득을 커뮤니케이션 입장에서 파악하려는 시도들이 제기된다. 커뮤니케이션

학자인 브렘벡(W.Brembeck)과 호웰(W.Howell)은 설득을 "사전에 계획된 목적을 향해 사람들의 동기를 조직함으로써 사람들의 생각과 행동을 바꾸려는 의식적인 시도"라고 기술했고, 호블랜드(Carl Hovland)는 "언어적 자극을 통해 설득원이 바라는 어떤 목표를 달성하고자 수용자들의 의도된 행동을 유발하는 역동적 과정"이라고 정의했으며, 앤더슨(Andersen)은 "커뮤니케이터가 그의 수용자로부터 원하는 응답을 이끌어내는 커뮤니케이션 과정"으로 정의했고, 쉐이델(Scheidel)은 "창자와 화자가 결합하여 화자는 시청각적인 상징적 자극을 전달함으로써 계속적으로 청자의 행동에 영향을 미치기 위해 시도하는 행동"이라고 정의했다.[3]

이들의 논의를 바탕으로 할 때, 설득은 다음의 요소들로 이루어진 인간 행동이라 하겠다.

첫째, 설득은 특정한 목적을 지닌 행위이다. 설득의 궁극적 목적은 타인의 태도와 행동에 변화를 일으키는 것이다.

둘째, 설득은 한 개인에 의해 이루어지는 행위일 뿐만 아니라, 집단이나 조직의 행위가 될 수도 있다. 예를 들어, 입사 면접에서 면접관을 설득하는 행위는 개인의 행위이지만, 특정 정당이 선거에서 승리하고자 국민을 설득한다거나 종교 단체가 교원을 모집하는 행위는 집단이나 조직의 행위가 된다.

셋째, 설득의 대상은 한 개인이 될 수도 있고, 집단이나 조직이 될 수도 있다. 예를 들어, 친구에게 노트북을 빌리는 상황이라면, 설득의 대상은 한 명의 개인이 된다. 취업 시험의 면접관은 대체로 4~5명인 경우가 많고, 광고의 설득 대상은 불특정 다수이다.

넷째, 설득이 이루어지는 구체적인 상황이 존재한다. 설득의 인간의 행위이기 때문에, 물리적인 시간과 장소를 떠나서는 결코 이루어질 수 없는 행위이다.

다섯째, 설득의 의도는 언어 표현을 통해 상대방에게 전달된다. 이때 설득의 주체가 전달하는 언어 표현은 일종의 메시지이며, 언어 외에 그림이나 사진, 음악이나 인물의 행동 자체가 메시지가 될 수도 있다. 그러나 이들 가운데 인간의 의도를 가장 분명하게 전달할 수 있는 도구는 언어이다.

이상의 논의를 종합하면, 설득이란, 타인의 태도와 행동의 변화라는 특정한 목적을 가진 주체가 대상에게 메시지를 전달하는 행위이다. 설득의 구성 요소는 커뮤니케이션의 구성요소와 일치하며, 설득의 과정은 커뮤니케이션의 과정과 같다. 다만, 커뮤니케이션의 의도가 타인의 태도와 행동의 변화에 한정되지 않는다는 점에서만 차이가 있을 뿐이다. 따라서 설득을 커뮤니케이션의 일종으로 보아도 아무 무리가 없을 것이다.

설득을 커뮤니케이션으로 바라보는 데 있어서 우리가 반드시 유념해야 하는 커뮤니케이션의 두 가지 측면이 있다.

첫째, 커뮤니케이션은 '인간 상호 간의 이해와 나눔'이라는 의미를 갖는다는 점이다. 인간은 커뮤니케이션을 통하여 서로의 생각을 주고받음으로써 서로의 삶을 공유하고 관계를 형성해 나간다. 따라서 설득 커뮤니케이션 또한 참여자의 긍정적 자아 노출과 상대방의 이해와 배려에 기초하고 있을 때 보다 성공적이고 효과적인 의사소통을 이룰 수 있게 된다.

둘째, 커뮤니케이션은 커뮤니케이션 구성 요소들의 상호 통합적이고 역동적인 상호과정이라는 점이다. 설득 커뮤니케이션은 화자, 청자, 메시지, 상황 등이 복합적으로 작용하는 역동적이고 통합적인 과정으로 이해되어야 한다.

3. 설득의 유형

설득의 본질을 이해하기 위한 또 하나의 방법은 설득을 유형별로 살펴보는 일이 될 것이다. 기존의 설득 관련 연구들에 있어서 설득의 유형에 대한 논의는 그다지 활발하게 이루어지지는 않은 것으로 보인다. 설득의 유형에 대한 논의는 대체로 그 목적에 따라 광고, PR, 선전으로 분류한 것만 찾을 수 있을 뿐 다른 분류 기준으로 설득의 유형을 살핀 견해를 찾기 어렵다.

그러나 우리가 설득이라고 부르는 것들이 광고, PR, 선전 중 어느 하나에 반드시 해당한다고 보기 어려운 경우가 훨씬 많다. 예를 들어, 결혼, 취업, 육아의 과정에서 이루어지는 제안, 승낙, 의견 조율은 광고인가? PR인가? 선전인가? 이들을 광고, PR, 선전 세 가지 경우의 하나로 규정짓는 것은 그다지 자연스럽지 않은 것으로 보인다. 따라서 기존의 설득의 유형에 대한 논의가 설득의 전체적인 측면을 모두 고려하지는 못했다고 하겠다.

우리가 이 책에서 다루고자 하는 설득은 일상에서 이루어지는 것들까지도 모두 포함하는 것이다. 따라서 우리의 설득의 논의에 있어서도 그 유형을 광고, PR, 선전 이외의 다른 측면에서도 살펴볼 필요가 있다. 이 책에서는 다양한 관점에서 설득의 유형화를 시도함으로써 설득에 대한 이해를 도울 것이다.

1) 설득 목적에 따른 유형

설득 커뮤니케이션은 설득의 목적에 따라 광고, PR, 선전의 세 가지로 나뉜다.

(1) 광고

광고는 상업적 목적을 지닌 설득 커뮤니케이션의 한 형태로서, 상품, 서비스의 판매나 거래를 위해 설득 전략을 이용하는 것을 말한다. 광고는 상품, 서비스 등에 관한 정보를 소비자들에게 제공하고 그것들을 구매하도록 하는 데 목적이 있다. 따라서 광고는 상품에 대한 정보를 제공하는 동시에 제시한 상품을 구매하도록 설득하기 위하여 다양한 설득 기법이나 심리적 설득 이론을 활용한다.

● 자료1 : 제품 광고 '구몬 학습'

남아 : 아빠 아빠는 꿈이 뭐였어?
남 : 천문학자
남아 : 아~ 근데 왜 안됐어?
남 : 수학이 안돼서
남아 : 아~
남 : 수학이 너의 꿈을 방해하지 않도록
　　　올라갈수록
JINGLE : 자신만만 구몬 학습

구몬학습 2013.01.01.

[자료1]은 제품 광고의 사례를 보인 것이다. 우리가 접하는 대부분의 광고는 이러한 제품의 구매와 촉진을 위해 사용된다. 상품에 대한 수용자의 관심을 끌고, 제품의 구매를 유도하기 위하여 다양한 표현 기법을 사용하는데, 제품의 특·장점을 구체적으로 보여줌으로써 구매 욕구를 자극하거나, 제품에 특별한 인상을 형성하도록 함으로써 호의를 형성하는데 기여한다. [자료1]은 수용자들에게 많은 호감을 얻고 있는 배우

를 모델로 하여, 우리의 일상에서 있음직한 일을 표현함으로써 수용자에게 제품에 대한 호의를 형성하고 있다.

한편, 광고를 보는 관점은 커뮤니케이션과 마케팅의 두 관점으로 나뉜다. 광고를 커뮤니케이션의 입장에서 이해하는 것은, 광고와 수용자 사이의 커뮤니케이션 상호작용을 중시하는 입장이다. 마케팅 입장에서 광고를 이해하는 것은 광고를 상품의 판매를 촉진하기 위한 하나의 수단으로서 이해하는 것이다. 마케팅은 생산자가 상품 또는 서비스를 소비자에게 유통시키는 데 관련된 모든 체계적 경영활동을 의미하는데, 이 가운데, 판매 촉진 활동은 광고와 각종 판매촉진책의 실시로 이루어진다.

(2) PR

PR(Public Relations)은 개인, 단체, 기업 등이 공중(public)의 이해와 안정, 호의, 협조 등을 얻기 위해 자신의 목표 방향과 의지를 선전·설득하는 행위를 말한다. 공사 기업체나, 정부, 기관, 또는 개인 등이 일반 공중으로 하여금 호의적 태도를 형성하는 데 초점이 맞춰진 활동이라는 점에서 광고와는 다르다.

최윤희(1992)에서는 PR의 공통 요소로서 다음의 여섯 가지를 제시하였다. 첫째, PR은 의도적인 활동이다. 둘째, PR은 일정 기간 동안 이루어지는 조직적인 활동이다. 셋째, 공중의 호의와 지지를 얻어내는 활동이다. 넷째, PR활동은 조직과 공중 모두에게 이익을 제공하여야 한다. 다섯째, PR은 쌍방향 커뮤니케이션 활동이다. 여섯째, PR은 정보 전달 이후 경영적 관리 기능으로 이어질 때 효과적이다.[4]

PR의 내용은 고객을 포함한 일반 대중에게 제공하는 일체의 편익과 관심이 모두 포함한다. PR의 방법은 매우 다양한 방식으로 이루어지는

데, 자사의 활동을 알리기 위한 각종 간행물의 발간, 정부 기관에 대한 재정적·정보적·기술적 지원, 방문객의 안내, 회사 시설의 일반 대여 등을 통해 이루어지거나, 방송 매체 보도, 각종 이벤트, PR 광고 등을 통해서 이루어진다.

방송 매체 보도를 통한 PR은, 기업의 창업주, 회장, 사장 등에 대한 인물 기사나, 신제품 개발 관련 기사 등을 신문이나 방송에 내보냄으로써 해당 기업에 대한 호의를 조성하는 것을 말한다. 이러한 기사는 기자의 취재에 의한 것일 수도 있으나 대체로 기업으로부터 언론사에게 제공되는 경우가 많다. 이 때, 기업에서 언론사에 PR 정보를 제공하는 것을 퍼블리시티(publicity)라고 한다. 퍼블리시티는 뉴스 가치가 있다고 판단되는 정보를 언론사에서 취급하기 편리하도록 적절히 가공하여 시의성 있게 제공하는 것을 말한다.

각종 이벤트를 통한 PR은, 연주회, 문화 행사, 공연 등 각종 이벤트를 통하여 해당업체의 이미지를 홍보하는 것을 말한다. 소비자들에게 유용한 정보나 서비스를 제공하는 각종 이벤트를 통하여 기업의 이미지를 제고할 수 있다.

PR 광고는 제품이나 서비스를 생산하고 제공하는 주체로서의 기업이 소비자들로부터 좋은 이미지를 얻고, 신용도를 높이기 위해 실시하는 일련의 광고활동이다. 이는 기업의 PR 활동 가운데 가장 손쉽게 할 수 있는 방법으로 활용되며 기업이 자사 홍보를 위해 신문 지면과 방송 시간을 유료로 구매한다는 점에서 PR과 광고가 결합된 형태로 이해되기도 한다.

• 자료2 : 기업 PR ‘TOSHIBA’ (일본)

TOSHIBA 기업PR 2010.02.19.(일본)

NA : 어린왕자 보세요. 토시바는 지구를 생각해서 에너지를 사용하는 제품의 에너지절약을 추구하고 있습니다.
자막 : 에코상품들
LED전구 자막 : 그밖에 뭘 하고 있나요?
NA : 에너지를 만드는 발전시스템에서도
자막 : 에너지 태양광발전시스템
NA : CO2 를 삭감해 가고 있습니다.
자막 : CO2 분리.회수시스템
NA : 어린왕자가 자신의 별을 소중하게 여기듯 저희도 토시바
자막 : 이 별의 에너지와 에콜로지를 위해

[자료2]는 기업 PR 광고의 예로서, 일본 기업인 ‘TOSHIBA’의 TV CF이다. TOSHIBA는 우리에게는 컴퓨터 회사로 잘 알려져 있는데, 일본 도쿄에 본사를 둔 전기 및 전자기기 제조 기업이다. 광고를 통해 지구의 환경을 보호하기 위하여 다양한 노력을 기울이고 있다는 메시지를 전달함으로써 자사에 대한 호의를 형성하고 있다.

⑶ 선전

선전(propaganda)은 종교적, 군사적, 정치적으로 사용되어 온 설득 커뮤니케이션의 한 형태이다. ‘선전’이라는 용어는 17세기 교황 그레고리 15세가 종교 개혁자들에 대항하기 위하여 결성한 <가톨릭 신앙 선전 회의>(Sacra Congregatio de Propaganda Fide)에서 처음 사용되었는데, 이 단체는 신대륙에서의 선교사업과 유럽지역에서의 구교의 강화를 위한 단체였다.

초기의 선전은 주로 종교적인 목적으로 사용되었다. 인쇄술의 발달

로, 구교 성직자와 교회의 타락상을 일반 대중에게 널리 선전하는 것이 가능해지면서, 선전은 로만 가톨릭의 교조주의를 붕괴하는 데 큰 역할을 한다.

군사 선전은 대적(對敵) 심리전의 수단으로 사용되거나, 자국(自國) 군인들의 정신력을 강화하고 사기를 진작시키는 정훈교육의 수단으로 사용된다. 선전은 전쟁이나 국가적 위기가 발생하는 것과 같은 역사적 국면에 가장 일반적으로 나타나는 현상으로, 군사 선전이 가장 활발했던 시기는 1,2차 세계대전이 발발했던 20세기였다. 전 세계는 사람들을 전쟁에 동원하고, 애국심을 고취하기 위하여 대대적인 선전을 벌였다. 군사 선전과 관련하여, 히틀러의 나치신화를 만들어낸 괴벨스를 빼놓을 수 없는데, 나치당은 극히 미약한 지지층을 가진 소수 정당이었으나, 괴벨스의 계획적인 선전으로 히틀러를 총리로 만들었고, 나치와 히틀러는 전국적인 정치세력으로 성장하게 된다. 괴벨스가 선전의 도구로 가장 중요하게 생각한 것은 라디오로, 연설에 뛰어난 재주가 있었던 그는 라디오를 장악하여 독일 국민에게 히틀러의 사상을 주입하고, 전쟁의 정당성을 주장하였다. "그대들은 총력전을 원하는가! 자, 민족이여 일어서라, 폭풍이여 몰아쳐라."는 그의 연설은 괴벨스 연설의 걸작이라 평가받고 있다.

정치 선전은 국내적으로 정부나 정당들이 국민들로부터 지지 여론을 획득하는 수단으로 사용되거나, 국외적으로 다른 나라들로부터의 우호적 지지를 받기 위한 수단으로 사용된다. 정치 선전의 대표적 사례는 북한을 들 수 있을 것이다. 북한에는 당 전문부서로서 선전선동 사업과 관련된 역사 연구소와 사적부가 있다고 한다. 역사 연구소는 공산주의의 역사, 노동당의 역사, 김일성 가계의 역사적 활동을 중심으로 교양선전 자료를 만드는 기관이고, 사적부는 김일성 가계 중심의 혁명지나

박물관, 기념관과 같은 사적지를 중심으로 선전활동을 전개하는 기관
이다. 또한 노동신문, 제3방송, 중앙TV 등의 언론 매체를 통한 대중 교
양과 영화촬영소, 창작공연단체, 극장 등에서의 문화예술 선전선동이
이루어지고 있다고 한다.[5]

2) 설득의 대상에 따른 유형

광고, PR, 선전 이외에도 설득은 우리의 일상에서 훨씬 다양하게 이
루어진다. 용돈 인상 요구, 소음 피해 보상 요구, 물건 값의 흥정, 주제
에 대한 찬반 토론, 회사 간의 계약 체결 등은 모두 일상에서 이루어지
는 설득의 예이다.

그렇다면, 앞에서 살펴본 광고, PR, 선전과 이러한 일상적 설득의 차
이점은 무엇인가? 광고, PR, 선전과는 달리, 우리의 일상에서 일어나는
설득은 특정 대상을 상대로 하는 설득이라는 점에서 차이가 있다. 물
론, 광고에는 타깃(target)이라 하여 목표로 삼는 대상이 분명이 존재한
다. 또 대적(對敵) 심리전에서의 군사 선전의 경우에도 정신과 의지를 굴
복시키고자 하는 적군(敵軍)이 분명히 존재한다. 즉, 광고, PR, 선전에도
나름의 목표로 삼는 특정 대상이 있다. 그러나 광고, PR, 선전의 대상은
일상적 설득의 대상과 달리, 덜 구체적이고 그 범위도 매우 넓은 '불특
정 다수'라는 점에서 그 차이가 분명하다. 따라서 이러한 점들 모두 고
려해 볼 때, 설득은 그 대상의 특정성에 따라 對개인 설득과 對대중 설
득으로 나누어 살펴볼 수 있을 것으로 생각된다.

對개인 설득에서 '개인'이란 '한 사람(인간)'을 가리키는 보통명사로서
의 개인이 아니라, '불특정 다수'와 대조적 차원에서의 '특정인'을 가리
키는 의미로 사용한 것이다. 설득의 대상이 누구인지, 그 범위를 명확

히 할 수 있다면, 이들은 모두 '對개인 설득'의 '개인'이 된다. 따라서 '개인'은 한 사람이 될 수도 있고, 다수의 집단이 될 수도 있다. 예를 들어, 물건 값 흥정 상황에서의 상인은 한 개인이지만, 면접 상황에서의 면접관은 다수의 특정인이다.

對대중 설득은 불특정 다수를 대상으로 하는 광고나 PR, 선전 등을 말한다.

3) 설득의 실현 방법에 따른 유형

설득은 설득적 메시지의 표현 수단에 따라 설득적 말하기와 설득적 글쓰기의 두 분야로 나누어 살펴볼 수 있을 것이다. 인간의 생각을 표현하는 수단은 언어로서, 그것은 음성적인 부분과 문자적인 부분으로 나눌 수 있으며, 각각의 독특한 특성이 있음은 재론의 여지가 없다. 또한 이들을 두루 살펴야 비로소 언어의 본질을 제대로 이해했다고 말할 수 있을 것이다. 마찬가지로 설득에 대해 제대로 이해하기 위해서는 설득의 실현 방법인 언어의 두 가지 측면에 대한 이해가 바탕이 되어야 할 것으로 생각된다.

그런데 설득적 말하기와 설득적 글쓰기를 구분하는 것은 모호한 측면이 있는 것이 사실이다. 예를 들어, 광고를 생각해보자. 시각적 이미지로 인한 혼동을 줄이기 위하여 라디오 광고를 예로 들겠다. 라디오 광고의 메시지 전달 방식은 음성언어이다. 그런데 라디오 광고의 메시지는 생산자(전달자-성우)가 애초에 카피라이터에 의해 완성된 대본을 보고 읽은 것이라는 점에서, 그가 전달하는 메시지를 전적으로 음성 언어로만 볼 수 있을 것인가 하는 점은 논란의 여지가 있다. 즉, 수용자에게 전달되는 메시지는 분명히 음성 언어에 의한 것이었으나, 음성 언어로 실현되기 이전에 존재하는 대본은 문자 언어라는 점에서 그 구분이 모호해지는 것이다. 마찬가지로, 예를 들어 연설의 녹취록과 같이, 애초에 음성 언어로 실현된 메시지를 문자 언어로 표현한 경우, 이를 설득적 말하기로 볼 것인가, 설득적 글쓰기로 볼 것인가 하는 것도 단언하기 어려운 면이 있다.

이처럼 설득적 말하기와 설득적 글쓰기는 그 경계를 명확히 구분하기 어려운 면이 있다. 뿐만 아니라, 이 둘은 궁극적으로 타인의 태도와 행동의 변화를 목표로 한다는 점에서 본질적으로 같은 것이다. 또한 메시지와 관련한 여러 논의들 – 메시지 구성, 순서, 조작 등 – 을 말하기와 글쓰기에 공통적으로 적용할 수도 있다. 따라서 설득적 말하기와 설득적 글쓰기를 구분하려는 시도가 불필요해 보일 수도 있을 것이다. 그러나 말과 글은 분명히 다르고, 말하기의 경우 준언어적, 비언어적 메시지의 차원이 함께 고려되어야 한다는 점에서, 설득적 말하기와 설득적 글쓰기는 분명히 구분하여 살펴야 한다. 설득적 말하기의 대표적 형태는 토론이다. 토론은 어떤 논제에 대하여 찬성자와 반대자가 각기 논리적인 근거를 발표하고 상대방의 논거가 부당하다는 것을 명백하게 말하는 말하기의 한 형태이다. 설득적 글쓰기의 대표적인 것은 논술이다. 논술은 자신의 의견이나 주장에 대하여 다른 사람이 동조하도록 하기 위하여 논증을 통하여 설득하는 글쓰기의 한 형태이다.

4) 설득의 방향성에 따른 유형

설득은 일방적인 의견 전달을 목표로 하느냐, 서로의 의견 대립의 조정을 목표로 하느냐에 따라서도 두 가지로 나누어 살펴볼 수 있다.

광고, 연설, 칼럼, 신문 사설 등은 일방적인 의견 전달을 목표로 한다.

그러나 토론의 경우에는 서로 간의 의견 대립의 조정을 목표로 한다는
점에서 차이가 있다.

4. 설득의 속성

설득 커뮤니케이션은 '생산자가 언어적 메시지를 이용하여 수용자의
태도나 의견, 행동 등에 영향을 끼쳐서 그것들을 변용시키는 행위 또는
그러한 과정'이다. 그렇다면 수용자의 태도나 의견, 행동 등에 변용을
가져오는 행위나 과정은 모두 설득이라고 볼 수 있는가?

실제로는 생산자가 수용자의 태도나 의견, 행동 등을 변용시켰다 하
더라도 설득이라고 보기 어려운 경우가 많다. 예를 들어 무장 강도의
위협 때문에 그의 요구에 응한 경우, 강도가 특정 대상으로 하여금 특
정한 행동을 하도록 하였다 하더라도, 이를 '설득'이라고 부르지는 않
는다. 버스나 지하철에서 불량배가 위협적 언행으로 불합리한 가격의
물건을 강매하는 바람에 물건을 사게 된 경우 구매자가 판매자로부터
설득당한 것이라 하기 어렵다.

따라서 설득을 설득답게 하는 요소들이 어떤 것들인지에 대해 살펴보
는 것이 필요할 것이며, 이를 '설득의 속성'이라 부를 수 있을 것이다.

설득의 속성에 관련한 논의는 가스와 사이터(Gass&Seiter, 1999)를 통해
살펴볼 수 있다.[6] 가스와 사이터는 설득의 영역을 전통적 의미의 설득
과 주변적 의미의 설득으로 구분하고, 설득을 바르게 이해하기 위해서
는 전통적 의미의 설득 외에 주변적 의미의 설득 현상도 함께 포함해
서 이해할 필요가 있음을 지적하였다. 즉, 기존의 설득에 대한 이해는

'의도성', '자유 의지(비강압적)', '상징적 행동', '대인 지향성', '효과' 등과 관련하여서만 이해되어져 왔는데, 이들만으로는 설득에 대한 완전한 이해에 도달할 수 없다고 지적하면서 이들 전통적 의미의 설득 외에 '비의도성', '강압적', '비상징적 행동', '내적 지향성', '비효과' 등의 측면도 함께 포함해서 이해할 필요가 있음을 주장하였다. 여기서 가스와 사이터가 지적한 전통적 의미의 설득이라고 분류한 '의도성', '자유 의지(비강압적)', '상징적 행동', '대인 지향성', '효과' 등은 일반적으로 설득의 속성이라고 여겨지는 것들이다. 아래에서 이들 각각에 대하여 구체적으로 살펴보도록 하겠다.

1) 의도성 對 비의도성

전통적 의미에서는 설득을 한 사람이 다른 사람에게 의도적으로 영향을 미치려고 했을 때만 존재하는 것으로 본다. 그러나 의도적이지 않은 상황에서도 설득이 일어나는 상황은 얼마든지 존재한다. 예를 들어 동화 속 주인공들은 모두 예쁘고 착한 반면, 악한 인물들은 모두 못생기고 심술궂게 표현되어 있다. 이는 사람들로 하여금, 선(善)과 악(惡)의 대립을 외면적인 아름다움(美)과 추함(醜)의 대립과 동일시하도록 한다. 동화 작가들이 의도적으로 이러한 관념을 의도한 것이 아님에도 불구하고 사람들이 설득당한 것이다. 따라서 설득을 '의도'의 측면에서만 바라보아서는 설득의 본질을 제대로 이해할 수 없다.

2) 자유 對 강압

펄로프(Perloff, 1933)는 "선택의 자유"를 설득의 특징으로 보았다. 선택의 자유란 수용자(피설득자)가 생산자(설득자)의 주장을 수용하거나 거부할 수 있다는 것을 의미한다. 그러나 선택의 자유가 주어지지 않는 강압적인 상황 아래에서도 설득은 일어날 수 있으며, 순수한 설득과 강압이 동시에 작용할 수도 있다. 예를 들어, 요즘도 크리스마스 시즌이 되면 학교에서 판매되는 '크리스마스 실(seal)'에 대해 생각해보자. 선생님들은 분명 자율적 구입을 강조한다. 낱장을 구매해도 되고, 한 세트를 모두 구입해도 된다고 말씀하신다. 물론 구입 의사가 없으면 사지 않아도 된다고 한다. 그러나 아무리 선생님이 자율적으로 구입하라고 했다 하더라도, 막상 실(seal)을 구입하는 학생들 입장에서는 그것을 구매하지 않거나, 낱장으로 한 장만 사는 것은 마음에 걸리게 된다. 혹시나 낱장을 샀다고 미운털이 박히는 것은 아닌가 하는 걱정이 생기는 것이다. 게다가 다른 친구들이 대부분 세트로 구입하였다면, 그러한 부담감은 더 커질 것이다. 그래서 결국에는 한 세트를 다 구입하게 된다. 은연중에 느끼게 된 강압이 실(seal)의 구매 결정에 영향을 미치게 되는 것이다. 따라서 중요한 것은 설득 자체가 자율적인 것이냐 강압적이냐 하는 것이 아니라, 어떻게 자율적으로 설득할 수 있게 할 것인가가 되어야 한다.

3) 상징 對 비상징

전통적 의미에서 설득을 바라보는 학자들은 설득을 상징적 표현으로 이루어지는 것으로 본다. '상징적'이라는 말은 생산자(설득자)의 언어적 표현이나 행위에 그들의 태도나 믿음, 신념, 의도 등을 나타내기 위한 특별한 의미가 부여되어 있다는 것을 의미한다. 예를 들어, 생산자는 수용자로 하여금 자신을 '평화주의자'로 인식하도록 설득하기 위해 '비둘기'라는 상징을 사용함으로써 설득을 시도할 수 있다. 집단 시위, 단식, 단발 등의 행동들도 설득을 위한 일종의 상징적 표현이다. 그러나 이러한 상징적 표현 이외에도 키, 몸무게, 나이, 인종 등과 같은 신체적 특징들이나, 눈의 깜박임, 손의 움직임 등 비언어적 행위 등도 설득에 관여할 수 있다.

4) 대인(對人) 對 개인(個人)

설득은 사람과 사람 사이의 커뮤니케이션 행위인 동시에 개인 스스로의 내적인 커뮤니케이션이기도 하다. 다른 사람의 태도나 신념, 행동의 변화를 위한 설득을 행할 수도 있지만, 한편으로 개인 스스로의 내적인 태도와 신념의 변화를 가져오기 위한 설득이 필요한 경우도 있다. 금주, 금연, 다이어트, 공부 등과 관련하여 목표를 세우고 스스로의 태도의 변화를 위해 노력하는 것 등이 이러한 예에 해당한다. 그러나 기존의 설득에 대한 논의들은 주로 사람과 사람 사이의 커뮤니케이션에만 주목해 왔기 때문에 이러한 개인 스스로의 내적 변화를 유도하는 설득에 대해 다루지 못한 한계를 지닌다.

5) 효과 對 비효과

'효과'와 관련한 설득의 논의에 있어서, 전통적 의미에서는 생산자(설득자)가 의도한 특정한 결과를 얻어냈을 때에만 설득이 성공한 것으로 보았다. 그러나 효과라는 것이 반드시 설득의 의도와 일치하는 결과를 가져오는 것은 아니며, 설득되었는지 그렇지 않은지를 판단하기 위한 명료한 기준을 적용하기도 어렵다.

● 자료3 : '절주 캠페인'

절주 캠페인 2008.08.01.

남1 : 자 그럼 시작해볼까? 양 대리의 실직을 위하여
다함께 : 위하여
자막 : 음주로 인한 결근 100명 중 12명
여1 : 이 과장님의 이혼을 위하여
자막 : 음주로 인한 가정폭력 100명 중 23명
여2 : 박 주임의 입원을 위하여
자막 : 알코올 사용 장애환자 180만 명
남2 : 임 부장님의 사고를 위하여
다함께 : 위하여
자막 : 음주로 인한 교통사고 연간 28,416건
NA : 다음 잔은 누구를 위하여 드시겠습니까?
남1 : 당신을
다함께 : 위하여
NA : 오늘은 절주
자막 : 보건복지가족부 대한보건협회

[자료3]은 '절주 캠페인'이다. 이들이 흥겹게 외치는 건배 구호는 '실직, 이혼, 입원, 사고를 위하여'이다. 건배 후에 이어지는 '결근, 가정 폭력, 알코올 중독, 교통사고' 등의 끔찍한 모습들이 흥겨운 이들과 대조되어 더 위협적으로 느껴진다. 이 광고를 본 사람들은 다양한 반응을 보이게 될 것이다. 누군가는 오늘로 예정되었던 술자리를 당장 취소할 수도 있다. 누군가는 오늘은 딱 한 잔만 마셔야겠다고 다짐을 할 수도

있을 것이다. 또 누군가는 광고는 광고일 뿐, 평소 즐기던 대로 그냥 만취 상태를 즐길 수도 있다. 이들 가운데 광고의 메시지에 설득된 사람은 누구인가? 첫 번째 사람은 확실히 설득된 것으로 볼 수 있을 것이다. 그러나 두 번째와 세 번째의 경우는 어떠한가? 만약 두 번째 사람이 절주에 실패하고 만취해 버렸다면, 결과적으로 절주에는 실패한 것이다. 하지만 결과적으로는 만취를 했다하더라도, 일단 이 광고를 통해 기존의 태도를 바꾸려는 시도를 했다는 점에서, 설득에 완전히 실패했다고 보기는 어렵다. 세 번째 경우에는 음주 태도와 행동에는 변화를 주지 못했지만, 그들도 '과도한 음주는 위험하다'는 광고의 메시지를 제대로 이해하고, 메시지 자체에는 동의할지도 모른다. 전통적인 의미에서 '효과'로서 설득을 정의하려는 태도는 이러한 부분에 대해 설명할 수 없다.

5. 설득의 기본 원칙

상대방을 효과적으로 설득하기 위해 기본적으로 지켜야할 원칙이 있다. 설득에서 지켜야할 가장 기본적인 원칙은 '7 : 3의 원칙'과 '칭찬'이다. 이 원칙들을 바르게 이해하고 잘 지키지 않는다면, 앞으로 배우게 될 많은 설득과 관련한 다양한 정보들은 어쩌면 아무 소용이 없게 될 수도 있다. 마치 덧셈, 뺄셈, 곱셈, 나눗셈의 원리도 모르면서, 미적분을 풀겠다고 덤비는 꼴과 같기 때문이다.

1) 7 : 3의 원칙

설득에 임하는 사람은 반드시 7 : 3의 원칙을 지켜야 한다. 여기서 '7 : 3'이란 설득의 상황에서 대화의 주도권을 상대방에게 7을 주고, 나는 3만 가지라는 말이다. 설득에 있어서 상대방에게 더 많은 기회를 제공해 주어야 한다는 뜻이다. 설득은 상대방의 태도와 행동의 변화를 목표로 하는 행동이다. 이러한 의도는 본래 생산자에게서 비롯되는 것이므로, 설득의 생산자들은 대부분 본인 스스로가 대화의 주도권을 갖고 상대방을 휘둘러야 한다는 잘못된 생각을 갖고 있다. 그러나 설득은 상대방과의 소통에서 출발해야 된다는 점을 명심하라. 소통은 공감과 나눔의 이해 과정이다. 상대방을 충분히 이해하지 못한 상황에서 나만이 원하는 정보를 쏟아 붓는 것만큼 어리석은 행동은 없다. 이는 소통을 망치는 지름길이다.

그런데 생산자의 적극적인 노력 없이는 수용자에게 7을 주기 어렵다. 설득은 일단 수용자를 설득의 상황에 끌어들이는 것부터 시작되어야 하는데, 그들이 상황 속으로 들어오길 바라는 것은 설득의 의도를 가지고 있는 생산자이지, 결코 수용자가 아니기 때문이다. 그렇다면 어떻게 해야 상대방에게서 7을 이끌어낼 수 있는가? 수용자를 설득의 상황으로 끌어들이고, 그들에게 7을 주는 상황을 만드는 세 가지 중요한 행동 수칙이 있다. 그것은 '질문하기, 듣기, 멈추기'이다.

'질문'은 상대방을 끌어들이는 중요한 도구이자, 상대방으로 하여금 당신이 상대에게 관심이 있다는 것을 표현하는 유용한 수단이다. 맘에 드는 상대방에 대해 많은 것이 궁금해지는 것이 사람 마음이기 때문이다. 질문을 하는 방법도 중요한데, 상대방이 단답식으로 대답할 수밖에 없는 질문을 하는 것은 바람직하지 않다. 상대방이 '네, 아니요'의 단답식 대답을 하는 동안 나는 대화를 이어나가기 위한 질문들을 생각해내느라 진땀을 흘리게 될 뿐만 아니라, 상대방으로 하여금 지루함을 유발하게 될 것이기 때문이다. 따라서 수용자 스스로 더 많은 말을 하게끔 유도하는 '열린 질문'을 하는 습관을 들이도록 해야 한다.

● 사람의 마음을 여는 '열린 질문'의 기술

	닫힌 질문	열린 질문
1	점심 같이 드실래요?	점심으로 뭐 드실래요?
2	같이 영화 보실래요?	같이 영화 봅시다. 어떤 걸로 보실래요? 액션? 멜로?
3	우리 만날까요?	우리 언제 만날래요? 오늘? 내일? 아님 모레?
4	오늘은 날씨가 좋죠?	오늘 같이 좋은 날엔 저는 야외로 드라이브 가는 게 좋던데, 당신은 어때요?

　위의 표에서 왼쪽 질문에 나올 수 있는 대답은 '네/아니요' 둘 뿐이다. 상대방이 '네'라고 대답하든, '아니요'라고 대답하든, 기껏해야 화자가 다시 할 수 있는 질문은 '왜?' 정도밖에 없다. 게다가 "왜요?"라는 질문에 상대방이 "그냥요."라고 대답해 버린다면 화자는 또 다시 새로운 화젯거리를 찾아야한다. 따라서 위 표의 '닫힌 질문'들은 상대방과 대화를 이끌어가기에 좋은 질문이 아니다. 게다가 1~3의 닫힌 질문은 상대에게 부담을 지우는 질문이라는 점에서도 좋지 않다. 대화에서 화자와 청자가 말을 주고받을 때는 주는 말과 받는 말 사이에 기대되는 '선호 쌍'이라는 것이 있다. 예를 들어, 말을 거는 사람은, 질문을 하면서는 '대답'을, 명령을 하면서는 '복종'을, 부탁을 하면서는 '수용'을 기대하면서 대화에 참여한다. 이 때 질문과 대답, 명령과 복종, 부탁과 수용이 '선호 쌍'을 이루는데, 만약 청자가 이에 반하는 대답을 하게 되면,

화자는 불쾌감을 느끼거나 실망을 하게 된다. 따라서 대부분의 사람들은 선호 쌍으로 대답을 하려고 한다. 그러나 청자가 선호적인 대답을 할 수 없는 경우, 거절에 대한 심리적인 부담감과 변명을 해야 되는 데서 오는 불쾌감[7]을 갖게 될 것이다. 1~3의 닫힌 질문이 좋지 않은 이유는 바로 이러한 점 때문이다.

반면에 오른쪽의 '열린 질문'들은 수용자의 적극적인 참여를 유도하는 질문이다. 예를 들어 1의 경우, 수용자가 '뭘 먹을지'를 우선 고민을 하게 만든다는 점에서 설득에 보다 유용한 방법이다. 일단, 특정한 선택의 대답이 바로 나올 수도 있기 때문이다. 그러나 수용자가 정신을 차리고, "내가 언제 점심을 같이 먹겠다고 얘기했나?"라고 되묻는다 하더라도 상대와 식사를 함께 할 확률은 여전히 높다. 상대방이 "내가 언제…"라고 되묻는다면, 당신은 "어차피 먹을 점심인데, 그냥 같이 가자. 혼자 먹기 싫은데 같이 먹을 사람이 없다."고 하며 한 번 더 요청할 기회를 만들 수 있다. 상대방은 이미 "내가 언제…"라고 한 번의 거절을 한 상태이기 때문에, 두 번의 거절을 하는 것은 부담이 된다. 따라서 당신의 요청에 응할 확률이 높아진다. 상대방이 이미 점심을 먹은 경우가 아니라면 당신과 점심식사를 함께 할 가능성은 꽤 높다.

'듣기'는 상대방의 말을 경청하는 것을 의미한다. 경청은 세 가지 행동 수칙 중에서 가장 중요한 것이다. 대부분의 갈등 상황에서 "정말 답답하다. 내 얘기를 제대로 듣고 있긴 하는 거야?"라며 싸우는 모습은 흔히 볼 수 있는 광경이고, 대화 도중 상대방이 내 얘기를 듣고 있지 않는 것을 느낀다면 그와 얘기할 기분이 싹 사라질 것이다. 따라서 상대방의 말을 잘 듣는 것은 매우 중요하다. 잘 듣는 방법을 아는 것도 중요한데, 상대방과의 적절한 눈 맞춤, 진심이 담긴 눈빛, 고개의 끄덕거림 등으로 상대방의 말을 경청하고 있다는 신호를 보내야 한다. 상대방을 향해 앞으로 몸을 약간 기울인 자세, 적절한 맞장구와 질문 등은 경청을 하고 있다는 신호로 해석되는 것들이다.

'멈추기'는 논쟁을 멈추라는 것이다. 설득을 하다보면, 그것이 논쟁으로 번지게 되는 경우가 있다. 누가 더 옳고 그른지, 누구의 말이 더 타당한지를 따지다 보면 서로 감정이 격해지게 되고, 결국에는 합리적인 설득에 이를 수 없다. 대화가 논쟁으로 번진 것을 깨닫는 순간, 즉시 대화를 멈추도록 해야 한다. 이는 "그만 두자. 여기서 멈추자."라는 말을 하라는 것이 아니다. 상대방의 말에 반박을 하고 싶은 마음을 다스리면서, 상대방이 충분히 말할 수 있도록 내버려 두라는 말이다. 물론 상대방이 감정을 쏟아내는 동안, 반드시 경청하는 자세로 상대의 말을 들어야 한다. 경청을 하는 가운데, 차분히 이성적으로 마음속의 생각을 정리할 시간을 가지라는 말이다.

2) 칭찬

칭찬만큼 강력한 무기는 없다. 인간은 누구나 자기 존중감을 가지고 살아가는 존재이다. 다른 사람에게 인정받으려는 욕구는 수많은 사람들의 행동의 동기가 되어 왔다. 칭찬은 고래도 춤추게 한다. 비난은 결국에는 부메랑이 되어 나 자신에게로 돌아온다는 것을 명심해야 할 것이다.

–설득에 대한 본격적인 논의에 앞서, 본인이 그동안 갖고 있었던 설득의 문제점이 무엇인지 성찰하는 시간을 갖도록 하자. 이러한 성찰의 시간을 갖는 것은, 앞으로 배우게 될 설득의 여러 기술들에 대해 탐구하는 과정에서 본인의 문제점이 무엇이었는지를 보다 확실히 알고, 이를 개선하는 방안을 찾는 데 도움이 될 것이다.

나의 설득 분석

● 개요

나는 평소에 동생과 대화가 통하지 않는다고 느낀다. 동생에게 무슨 말만 하면 꼭 싸움이 된다. ~ 문제의 상황은 동생이 또 술을 먹고 새벽2시에 귀가를 하면서 발생했다. ~ 여자라서 걱정이 많이 되기도 하고, 부모님과 떨어져 살고 있기 때문에 더욱 책임감을 느끼는 터라 동생 단속을 좀 철저하게 하는 편이다. ~ 동생과의 대화는 채 5분도 이뤄지지 못한 것 같다. 결국에 동생은 울고불고 난리가 났고, 싸움이 끝난 일주일째 동생은 내게 한 마디도 말을 걸지 않았다.

● 대화의 실제

갈등 상황에 대한 실제 대화는 다음과 같다. (…생략…)

● 문제점 분석

자기 분석

–성격이 다혈질이라서 금방 화를 내는 편이다. 그날도 대화의 첫 시작을 소리 지르는 것으로 시작했다.

–흥분을 하면, 다른 사람의 말을 가로 막고 내 할 말만 하는 경향이 있다.

동생 분석

–동생은 내가 철저한 권위주의자라고 생각한다.

–동생은 나에게는 퉁명스럽지만, 친구들한테는 상냥하고 인기도 많다.

상황 분석

−동생이 감기에 걸려서 컨디션이 좋지 않았는데, 대화를 시도하려고 했던
것도 문제였던 것 같다.

● 결과

1장에서 배운 7 : 3의 원리에서 '경청'의 자세가 얼마나 중요한지를 듣고,
내 자신을 되돌아보니, 나는 지금까지 '경청'에 너무나도 소홀한 'bad
listener'였다는 생각이 든다. 경청의 자세 말고도 나의 단점을 고칠 수 있는
여러 방법을 배워서 훌륭한 설득의 달인이 되고 싶다.

−2012년도 2학기 학생 과제 발췌 재구성

제1장 설득과 커뮤니케이션

1 엠 그리핀, 2012, 『첫눈에 반한 커뮤니케이션 이론』(번역 개정판), 커뮤니케이션북스, pp.33~38 참고.

2 차배근 외, 1992, 『설득 커뮤니케이션 개론』, 나남출판, pp.17~18 참고.

3 김영석, 2005, 『설득 커뮤니케이션』, 나남출판, pp.26~27 참고.

4 김정현, 2006, 『설득의 이해와 활용』, 커뮤니케이션 북스, p.29 참고.

5 양무진, 2011, 「선전선동 사례연구」, 『현대북한연구』 14-3, 북한대학원대학교, p.31 참고.

6 김영석, 위의 책, pp.28~34 참고.

7 대체로 사람들은 '비선호적인' 받는 말을 하게 될 때, 거절과 함께 변명을 덧붙이게 된다. 상대방의 감정을 조금이나마 위로하고자 하는 심리와 자신이 지나치게 냉정한 사람으로 비춰질 수도 있다는 불안감을 해소하기 위해서이다. 그런데 이렇게 변명을 하게 되면, 변명을 하는 자체가 또 다른 불쾌감을 유발할 수도 있다. '딱히 내가 잘못한 것도 없는데, 괜히 너 때문에 변명을 해야 되잖아.' 하는 불만이 생기게 되는 것이다.

제2장 **설득과 생산자**

설득 커뮤니케이션에 있어서 그 효과는 생산자에 따라서 달라질 수 있다. 생산자란 설득의 의도와 목적을 가지고 설득의 상황을 조정하고, 설득 메시지를 만들어내는 설득 커뮤니케이션의 한 구성원을 의미한다. 이들은 우리가 흔히 화자라 부르는 대상으로서, 설득원, 설득자 등 다양한 이름으로 불리는 대상이다. 이 책에서는 설득의 메시지와 상황을 조정하는 producer의 개념을 강조하여 생산자라 부르기로 한다. 설득 커뮤니케이션에 있어서, 생산자가 수용자를 보다 효과적으로 설득할 수 있도록 하는 데 관여하는 요소는 '믿음(신뢰)', '권위', '매력'의 세 가지이다.

1. 믿음(belief)[1]

영화 <골든슬럼버>는 평범한 택배기사였던 주인공이 권력의 음모에 휘말려서 총리 암살범으로 모함을 받고 도주를 하는 이야기이다. 주인

영화 〈골든슬럼버〉의 한 장면

공은 체계화된 시스템으로 무장된 경찰과 매스컴의 감시와 추적을 따돌리고 끝까지 도주에 성공한다. 그런데 주인공은 여느 Hollywood 액션 영화의 주인공처럼 싸움이나 전략에 타고난 인물이 아니다. 답답하다 싶을 정도로 순박하고 평범하기 그지없는 인물이다. 그럼에도 불구하고, 그가 도주에 성공할 수 있었던 이유는 무엇인가? 매스컴에서 아무리 총리암살범이라고 떠들어대도 그를 굳게 믿고 있는 옛 동료들이 있었기 때문이다. 게다가 처음 만난 사람들조차도 놀랍게도 모두 그를 돕는 데 열성을 다한다. 그의 순수함과 진실성에 반해 모두가 그를 믿게 되었기 때문이다. 주인공이 입버릇처럼 되뇌는 "인간의 최대 무기는 습관과 신뢰이다"라는 대사를 통해서도 드러나듯이, 아마도 대부분의 사람들에게 이 영화가 주는 가장 강렬한 메시지는 '신뢰' 즉 '믿음'이라고 할 수 있을 것이다. 이처럼 사람과 사람의 관계에서 '믿음'은 정말 중요한 힘을 갖는다. 설득에 있어서도 마찬가지이다. 수용자의 생산자에 대한 믿음은 설득의 효과를 좌우한다. 믿음이 설득의 효과를 좌우한다는 말은, 사람들은 대체적으로 믿음이 가는 사람이 하는 말에 설득당하기 쉽다는 것을 의미한다. 그렇다면 상대방에게 믿음을 주기 위해서는 어떤 조건을 갖추어야 하는가?

1) 진실성

장난으로 거짓말을 일삼다가 결국엔 늑대의 먹이가 되어버린 '양치기 소년'의 우화를 굳이 언급하지 않더라도, 인간이라면 누구나 진실된 사람을 좋아하고, 그를 믿는 것은 당연한 사실이다. 얼마 전(2013년 1월) MBC의 가상 부부 프로그램에 출연했던 여자 연예인이 드라마에 동반 출연한 파트너와 난 열애설을 인정했다가 이를 번복하는 과정에서 시청자들의 신뢰를 잃고 급기야 프로그램에서 하차까지 하게 된 일이 있었다. 그동안 가상 부부로 출연했던 파트너에 대한 애정이 연기만은 아니라는 점을 공공연하게 밝혀왔던 터였기 때문에, 열애설은 곧 프로그램에 대한 진실성에 대한 논란으로 확산되었고, 사태를 무마시키고자 열애설을 인정한 지 하루도 채 안되어 이를 다시 부인하는 바람에 사람들의 신뢰를 잃게 된 것이다. 해당 프로그램에서는 사태를 무마하고 사람들의 신뢰를 회복하고자 가상 부부의 화해 모습을 방송하였으나, 이 때 보인 여배우의 반성과 후회의 눈물조차도 시청자에게 차갑게 외면을 당했고, 결국 그녀는 프로그램에서 하차하게 되었다. 이처럼 진실성을 인정받는 것은 그 자체로도 어려울 뿐만 아니라, 한번 잃은 신뢰를 다시 회복하는 것은 굉장히 어려운 일이다. 그렇다면 어떻게 하면 진실성을 보여줄 수 있는가? 내가 얼마나 진실한가를 보여주는 방법은 나의 약점을 숨김없이 드러내거나, 잘못을 인정하는 것에서 출발할 수 있다.

Avis 렌터카는 업계 2등이라는 사실을 전면에 내세우는 캠페인을 전개한 적이 있었는데, 이 광고가 적자로 허덕이던 Avis 렌터카를 흑자로 돌려놓는 데 결정적인 역할을 했다는 것은 광고계에 전설처럼 전해지는 이야기이다. 자신들이 비록 업계 2위지만, 그래서 열심히 일할 수밖에 없다는 진실된 이야기가 사람들의 마음을 움직인 것이다.

Avis rent car 1

Avis rent car 2

Avis 렌터카는 1952년 창업한 이래로 13년 동안 계속 적자로 허덕였다. 1962년에는 적자가 무려 125만 달러에 달했다. 그래서 사주인 앙드레 메이어는 아메리카 익스프레스사의 투자금융담당 부사장이었던 로버트 타운젠트를 사장으로 앉히고, 경영의 쇄신을 도모하였다. 당시의 렌터카 업계는 연간 2억 5천만 달러의 시장으로 그 중 약 80%가 단기 대여에 의한 것이고 이 업계를 압도적으로 점유하고 있는 것은 허츠 렌터카였다. 단기 대여를 비교하면 6,400만 달러와 800만 달러로 거의 8배의 차이가 있었다. 타운젠트 사장은 그 후에 그가 쓴 저서 『조직에 활력을 불어 넣어라』에서 다음과 같이 회고했다고 한다.

100만 달러로 500만 달러의 광고를 하자면 어떻게 해야할까? 우리의 경쟁 상대는 우리보다 5배의 자본을 가지고 있다. 그런데 자동차의 값도, 차의 임대료, 연료비, 인건비도 같으니 우리들은 1달러로 5달러의 효율을 올리지 않으면 안 되었다.

타운젠트 사장은 뉴욕의 광고대행사 중 예리하기로 소문난 DDB의 빌리 번벅 사장을 만나 Avis와 DDB의 계약을 성립시켰다. 이리하여 역사적인 광고 캠페인이 탄생한다. 바로 'No.2' 캠페인이다. 캐치프레이즈는 당당하게도 "Avis는 업계 No.2에 지나지 않습니다. 그런데 왜 이용하시도록 전하는 걸가요?"이다. 자기 회사를 명확하게 업계 '제2위'라고 솔직하게 인정한 광고는 세계의 광고사상 이것이 최초였다. DDB의 여류 카피라이터였던 폴라 글라린 부사장은 말했다.

거짓말을 하는 광고주가 굉장히 많아요. 그런 광고주는 자기의 주치의나, 고문변호사에게도 거짓말을 하는 사람들입니다. 그렇지만 Avis의 사람들은 모두 솔직했습니다. … 그들은 회사가 흔들흔들해서 지금 곧 무너질 것 같은 체제였지만, 한번 잘해 보려는 의지에 넘쳐 있음을 피부로 느낄 수 있었습니다.

2) 객관성

사람들에게 믿음을 주기 위한 가장 쉬운 방법은 객관적 자료를 제시하는 것이다. 구체적인 숫자, 통계 자료, 조사 결과 등은 나의 주장을 보다 쉽게 받아들여지도록 하는 유용한 도구이다. 사람들의 정확한 숫자에 대한 믿음은 광고에서도 쉽게 찾아진다.

옥시크린 2011.07.22.

데톨 2012.03.20.

광고에서는 유독 99.9%라는 숫자를 많이 사용한다. 100%라고 해도 될 것을 왜 굳이 99.9%라고 하는 것일까? 사람들은 100%보다는 99.9%라는 수치를 훨씬 더 객관적이고 정확한 수치라고 느낀다고 한다. 과학적으로도 순도 100%의 물질이 존재하기는 거의 불가능하다고 하는데, 99.9%에 대한 신뢰는 이러한 보편적 지식이 사람들의 인식에 영향을 준 결과라 생각해볼 수 있다.

레이너드(Reinard, 1988)는 증거의 설득 효과를 다룬 50년간의 실험 연구를 정리했는데, 증거를 제공하는 연설은 증거 없는 연설보다 더 설득적이라고 결론을 내렸다. 또한 증거의 정보원을 밝힐 때 설득력이 더욱 높아진다고 한다. 즉, 화자가 '한 연구에 따르면', '신문에서 보면' 등과 같이 증거의 정보원을 구체적으로 밝히지 않으면, 메시지의 설득력이 높아지지 않는다고 한다.[2] 따라서 설득의 생산자가 증거를 제시할 때는 그 출처를 분명히 하는 것도 신뢰를 형성하는 데 중요한 요소가 됨을 명심해야 할 것이다.

또한 증거는 개념적이고 일반적인 증거보다는 명확하고 구체적인 증거를 제시하도록 한다. "이 차는 연비가 좋습니다."와 "이 차는 공인연비 15.5km/L이고, 고속도로 연비 13~14km/L, 도심 연비 10~11km/L입니다."라고 하는 경우 어느 쪽이 더 믿음이 가는가?

3) 일관성

일관성은 하나의 방법이나 태도로서 처음부터 끝까지 한결같은 성질을 말한다. 사람들은 변덕이 죽 끓듯 하는 사람보다는 한결같은 사람을 좋아하고, 그를 믿는 경향이 있다. 케네디는 1960년 미국 대통령 선거에서 뉴 프런티어(New Frontier) 정신을 슬로건으로 내세우며 대통령 후

보에 출마하여 미국 역사상 최연소 대통령으로 당선되었으며, 대통령이 된 이후에도 일관된 가치를 주장하면서 이를 실천에 옮긴 인물로 유명하다. 미국 역사상 20세기 최고의 대통령으로 꼽히는 로널드 레이건 역시 일관성이 뛰어난 인물로 평가받는다. 6,000파운드의 폭탄을 무하마르 알 카다피 리비아 대통령의 텐트에 공중 투하하도록 명령했을 때, 미국인들은 일관성 있는 그의 행동에 지지를 보냈다고 한다. 그러나 국민과의 약속을 어기고 레바논 인질 석방을 위해 이란인들과 협상을 했을 때는 레이건의 인기가 급격하게 추락했다고 한다.[3]

　일관성은 개인뿐만 아니라, 국가 조직에까지 요구된다. 정책에 관여하고 있는 국가의 한 조직이라면 법률 제정에 대한 투명성이나 명확한 가이드라인을 제시함으로써 일관성 있는 정책을 펼쳐야 국민의 신뢰를 얻을 수 있다. 최근(2012년 10월)에 불거진 여성가족부의 '청소년유해매체물 재심의' 와 관련한 논란은, 일관성 없는 정책이 얼마나 쉽게 국민의 신뢰를 잃을 수 있는가를 보여주는 단적인 예라 할 것이다. 가수 싸이가 '강남스타일'로 전 세계적으로 히트를 치면서, 싸이의 '롸잇 나우'는 '강남스타일'의 후속 타자로 거론되며 주목을 받았다. 그런데 해당 곡은 이미 2010년 12월에 여성부에 의해 청소년유해매체물로 판정을 받았기 때문에, 유튜브 등에서 뮤직비디오 동영상을 보는데 성인 인증 절차를 거쳐야 하는 등 인기 확산에 걸림돌이 되어 왔다. 여성가족부의 청소년유해매체물에 대한 규제는 이미 규제 당시에 반발이 심했고, 가요의 해외 진출에도 부정적인 영향을 미칠 것이라는 점도 이미 예상된 바였다. 그럼에도 불구하고 침묵하던 여성가족부가 스스로 '롸잇 나우'를 비롯한 일부 규제곡들에 대한 재심의를 하겠다고 밝히면서 논란의 중심에 서게 된 것이다. 이는 규제를 담당하는 곳에서 겨우 1년여 만에 스스로 그 판결을 뒤집겠다는 시도일 뿐만 아니라, 2011년부터 여성가

족부가 청소년 유해물로 지정했던 곡들이 소송에서 모두 패한 상황에
서 싸이가 직접 이의를 제기한 것도 아닌데 그의 곡이 재심의에 포함
된 것이어서, 정책의 일관성과 형평성에 대해 국민들의 신뢰를 잃은 경
우라 하겠다.

여성가족부의 일관성 없는 콘텐츠 정책이 도마에 올랐다. 여성가족부가
싸이의 '라잇 나우'를 비롯한 음반들의 청소년 유해 여부를 재심의하겠다
고 자료를 내면서 '스타크래프트', '애니팡'에 이어 원칙 없는 '눈치 보기'
식 행정에 질타가 이어졌다. 여성가족부는 오는 10일 열리는 음반심의분과
위원회의 검토를 거쳐 이른바 '19금' 음반의 청소년유해매체물 결정을 취
소하는 방안을 추진하겠다고 밝혔다. 이후 청소년보호위원회에서 취소 여
부를 최종 결정한다. 여성가족부 측은 "지난해 10월 심의세칙 공개 이후
올 1월에 재심의 공고를 냈는데 신청이 지나치게 저조했다"면서 "술, 담배
용어를 사용하거나 과도하지 않은 비속어를 사용한 곡 중 풀어줄 여지가
있는지를 살펴 200여곡을 재심의 대상으로 올렸다"고 설명했다. "다른 곡
들은 심의 전에 포함 여부를 알려 줄 수 없으나 싸이의 라잇 나우가 포함
된 것은 맞다"고 확인했다. 시민단체 및 음반업계 관계자는 여성가족부가
절차나 기준 없이 재심의를 추진하는 것은 적절치 않다는 주장이다. 인기
나 대중적 지지에 따라 규제를 적용해선 안 된다고 입을 모았다. -중략-
익명을 요구한 음반관계자도 "싸이가 인기를 얻자 '눈 가리고 아웅'하는
격"이라며 "청소년유해매체 심의세칙기준도 애매해 굳이 (여성가족부와)
싸우면서까지 재심의를 요청하지 않았다"고 털어놨다. 여성가족부는 지난
해 셧다운제 적용 과정에서도 개인정보 수집이 어렵다는 이유로 스타크래
프트를 제외해 국내게임사 '역차별' 논란을 일으켰다. 최근 스마트폰 게임
규제를 추진하면서 애니팡은 셧다운제 대상이 아니라는 해명 자료를 냈으
나 이마저도 정확한 내용이 아니라는 지적이다. 청소년 게임물 평가계획안
을 만든 자문위원도 "애니팡도 게임 평가결과에 따라 셧다운제 대상에 포
함될지 안 될지는 알 수 없다"고 못 박았다. 여성가족부 게시판과 페이스
북에는 3일 하루에만 100개 이상의 항의글이 올라왔다. 이용자들은 "인기

4) 순수성

사람들은 상대방에게 이익이 돌아가지 않는 주장이나 행동에 대해 더 큰 지지를 보내는 경향이 있다. 상대방이 어떤 설득을 할 때, 사람들은 그들이 자신의 이익 때문에 그러한 설득을 하는 것으로 생각하고 방어 자세를 취하거나 견제하게 되는데, 자신에게 돌아갈 이익이 분명히 없어 보이는데도 어떤 주장을 하는 것을 느끼게 되면, 그 사람의 순수성을 인정하게 되어 오히려 강한 신뢰를 보이게 된다. 특히 우리나라는 연예인의 봉사나 기업의 기부와 같은 선행조차 동기의 순수성에 의심의 눈초리를 보내는 경우들이 많은데, 순수성을 의심받게 되면 그 가치를 있는 그대로 존중받지 못하므로, 순수성을 인정받는 것은 중요한 문제라 하겠다. 따라서 설득의 상황에서도 본인이 특별한 이익을 얻게 되지 않는다는 점을 강조하는 것은 수용자를 설득하는 하나의 유용한 전략이 될 수 있다.

이와 관련된 흥미로운 연구 결과로, 월스터와 애론슨, 그리고 에이브러햄의 실험이 있다. 그들은 배심원들에게 미치는 범죄자와 검사의 설득력에 관하여 연구를 수행하였는데, 연구 결과 드러난 사실은, 배심원들은 자신의 이익을 얻지 못하는 사람의 의견을 더 신뢰하는 경향이 있다는 것이었다.[4] 이 연구는 범죄자와 검사가 한 번은 둘 다 검사에게 유리한 주장을 하고, 다른 한 번은 둘 다 범죄자에게 유리한 주장을 한 뒤, 배심원들이 누구의 주장에 더 설득되는가를 판단하는 것이었다. 범죄자와 검사가 둘 다 검사에게 유리한 주장을 했을 때, 배심원들은 범죄자의 의견을 더 신뢰하는 것으로 드러났다. 반면에 범죄자와 검사가 둘 다 범죄자에게 유리한 주장을 했을 때는 배심원들이 검사의 의견을 더 신뢰하는 것으로 드러났다.

5) 공정성

이른바 최후통첩 게임(ultimatum game)이라는 것이 있다. 이 게임에서는 A와 B 두 명의 플레이어가 게임을 하는데, A에게 돈이 주어지고, A는 그 돈의 일부를 B에게 나누어 주어야 한다. B에게 얼마를 줄지는 A의 자유이다. 그리고 B는 A가 주는 돈을 받거나(수용) 그 제안을 거부할 수 있다. 단, B가 A의 제안을 수용하면 그 제안대로 각자 돈을 나누어 가질 수 있지만, B가 그 제안을 거부하면 A와 B는 둘 다 돈을 전혀 받을 수 없다. 만일 A가 돈을 5대 5로 나누자고 제안한다면 B는 '거부'를 하지 않고 '수용'할 가능성이 클 것이다. 아마도 이 제안은 가장 공정한 제안일 것이기 때문이다. 그런데 A에게 주어진 10만 원에 대해, A가 자신이 8만 원을 가지고 B는 2만 원만 가지라는 제안을 한다면 어떤 일이 일어날까? 대부분의 B들은 이 제안을 거부한다. 그것을 불공정한 제안이라고 생각하기 때문이다. 그런데 이는 어찌 보면 바보 같은 일이다. 어쨌든 A의 제안을 수용한다면 2만 원의 공돈이 생기는데 이를 거부하는 것이기 때문이다. 심지어는 이러한 불공정한 제안을 받아들일 경우 가질 수 있는 돈이 자신의 수개월 치 월급에 해당하는 돈일 경우에도 거부하는 사람들이 상당히 있다는 것이다. 사람들은 이 정도로 불공정함이나 불평등함을 혐오한다. 자신이 무언가를 가지지 못해도 불공정한 제안이나 지시를 내리는 사람이 큰 이익을 취하는 것을 막으려 한다는 것이다.

한 가지 재미있는 사실은, 신경과학 연구에 의하면, 사람들이 최후통첩 게임에서 불공정한 제안을 받을 경우 뇌에서 활성화되는 영역 중 일부가 '신뢰'를 담당하는 부위와 일치한다고 한다. 우리가 가족이나 가까운 친구들로부터 부적절한 제안이나 지시를 받을 경우 '이러지 말아야 하는데'라고 생각하면서도 결국 그 제안을 받아들이게 되는 것은 그들을 믿기 때문이라는 것이다.

2. 권위(authority)

권위란 사람들을 따르게 하는 능력이나 위신을 의미한다. 여러 사전에서는 권위를 다양하게 정의하고 있는데, 진정한 권위는 사람들의 자발적인 동의를 바탕으로 한다. 따라서 이를 지지하는 인간 집단에 따라서 여러 권위가 존재할 수 있고, 어떤 사람에게는 인정되는 권위가 다른 사람에게는 통용되지 않는 때도 있다. 권위는 전통의 힘으로 자연적으로 성립되기도 하지만 인위적으로 만들어지기도 하고 변천·실추하기도 한다.

1) 전문성

권위를 형성하는 요인으로 가장 기본이 되는 것은 바로 전문성이다. 전문성이란 생산자가 주어진 주제에 얼마나 전문적인가 하는 정도를 말한다. 설득 커뮤니케이션에 참여하는 수용자는 대체로 생산자의 경험, 능력, 지능, 업적, 또는 주어진 주제에 대한 그의 지식 또는 식견 등을 기준으로 해서 생산자의 전문성을 지각, 판단하게 된다. 예를 들어, 커뮤니케이션 수용자들은 건강 문제에 대해서는 의사가, 법적인 문제에 대해서는 법률가가, 컴퓨터와 관련한 문제에 대해서는 컴퓨터 기사가 전문성을 지닌 생산자라고 파악하는 것이다. 설득 커뮤니케이션의 연구들에 따르면 대체로 전문성이 높을수록 설득적이 되는 것으로 나타났다.

비싼 화장품이라고 성분이 좋은 것은 아니다. 화장품의 기본 기능은 보습과 자외선 차단이면 충분하다. 비싼 기능성 화장품은 기대할 만큼 효과는 없다. 어떤 화장품을 발라도 콜라겐이 피부에 들어가는 일이 없다. 콜라겐은 고분자 입자이므로 피부에 침투할 수 없다. 평생 화장품 제대로 안 바른 아버지, 화장품 열심히 바른 어머니를 나중에 비교해봐라. 별 차이 없다. 500만 원짜리 가방이랑 5만 원짜리 가방에 돈을 넣어놨다고 생각해봐라. 500만 원짜리 가방에 넣은 돈에 이자가 더 붙나? 500만 원짜리 가방에 넣은 돈은 안 잃어버리나? 절대로 그렇지 않다.

위의 말을 엄마가 했다고 하자. 아마 대부분의 딸들은 엄마가 비싼 화장품을 사주기 싫으니까 그런 소릴 한다고 화를 냈으면 냈지, 그 말을 믿으려 하지 않을 것이다. 만약 친구가 이런 말을 했다고 하자. 그런 경우에도 대부분의 사람들은 친구가 비싼 화장품을 사려는 나를 비난하려고 하거나, 자기는 비싼 걸 못 사니까 괜히 질투해서 그런 말을 하는 것이라고 생각하기 십상이다. 그러나 이 말을 피부과 전문의가 했다고 한다면 어떨까? 대부분의 사람들은 '아, 정말 그런가?'하고 한 번쯤은 자신의 화장품 가격이 적절한가 하는 의심을 품게 될 것이고, 앞으로 비싼 기능성 화장품을 살 기회가 생겼을 때, 아마도 망설여지는 자신을 발견하게 될 것이다. 이처럼 같은 말에 대한 반응이 서로 다른 이유는 화자의 전문성에 차이가 있기 때문이다. 비싼 화장품이라고 좋은 게 아니라는 말을 피부과 전문의가 했기 때문에 그 말에 흔들리게 되는 것이다. 실제로 위 발언은 지난 2012년 12월 모 프로그램에서 피부과 전문의가 한 말이다. 방송에서 여자 출연자들이 이 말을 듣고 크게 낙담하는 모습을 볼 수 있었다. 이처럼 전문가의 말은 설득에 있어서 큰 힘을 발휘한다. 그러나 물론 전문성이 높다고 해서 반드시 설득적이 되는 것은 아니다. 설득에는 생산자 이외에도 많은 요소들이 관여하고 있기 때문이다.

다음은 서울대 가는 비법 세 가지이다. 믿을 만한 정보라고 생각되는가?

　　서울대 가는 비법 세 가지는 첫째, 자기 리듬에 맞춰서 공부하기, 둘째, 포기하지 말기, 셋째, 남이 아닌 내가 좋아하는 일 찾기이다.

서울대에 가는 비법이라 하기에는 어찌 보면 너무 당연한 소리처럼 들려서 썩 믿음이 가지 않는다. 그런데 사실 이 말은 지난 25일 모 그룹에서 주최한 '김태희와 함께 하는 토크 콘서트'에서 탤런트 김태희가 한 말이다. 서울대 출신이 직접 얘기를 한 것을 알고 나니 왠지 이대로만 공부하면 서울대 갈 수 있을 것 같은 느낌이 들지 않는가?

2) 지위

사회적 지위는 때로 권위가 된다. 지위는 사회적 체제 속에서 특정 구성원이 차지하는 위치로서 연령, 성, 직업, 수입 등에 따라 결정되지만, 상대적 가치(relative worth)를 지닌다. 지위는 실질적으로 명성, 재산, 생활양식 등의 차이나 상하관계 등을 가지며, 여기서 계층적인 구별이 생긴다. 지위의 평가측정에 있어서는 여러 기준이 있는데, 근대사회에서는 그 사람의 출신이나 태생이 아니라 업적의 결과에 의해서 측정되는 것이 보통이다. 업적의 결과는 현실적으로는 능력·노력에 대한 판정이 되는 것이지만, 그 측정은 그 집단의 목적에 따라 달라지며, 넓은 뜻에서의 지위는 현실상의 권력구조나 재력과의 관련에서 파악된다.

켈만(H.C.Kelman)은 대학생들이 장학생 선정에 있어서 장학생 선발위원회의 위원으로 말할 때는 학생들과 쉽게 합의에 도달하지만 개인적인 입장에서 이야기를 할 때는 학생들과 쉽게 합의에 도달하지 않는 경우를 들면서 생산자의 권위라는 요인의 영향력에 대해 설명하고 있다. 그는 권위 있는 생산자가 사람들의 곁에 있는 한, 그는 권위 없는 생산자에 비해 설득에 보다 많은 영향을 끼친다고 주장했다.[5] 물론 이런 태도 변화는 수용자에게 내면화 되지는 못하지만 수용자가 생산자로부터 받는 처벌을 최소화하고, 보상을 최대화하기 위한 자구책에서 비롯된다. 따라서 수용자에게 권위 있는 생산자로 이해되기 위해서는 생산자는 수용자로 하여금 생산자가 처벌과 보상을 마음대로 할 수 있는 사람이라고 믿도록 만들어야한다. 또한 수용자로 하여금 생산자가 자신의 의견을 따르도록 하기 위해서 처벌과 보상을 사용하고 있다고 믿도록 만들어야 한다. 생산자는 수용자들이 자신에 대해 순응하고 있는지 여부를 확인할 수 있다고 믿도록 만들어야 한다. 아이들이 가정에서 부모님을, 학교에서 선생님을 따르게 되는 것은 바로 부모님과 선생님이 보상과 처벌을 줄 수 있는 사람으로서의 권위를 갖고 있기 때문이다.

3) 전통

오랜 역사와 전통을 지녔다는 사실은 수용자들에게 믿음을 준다. 이제 막 생긴 레스토랑의 음식보다는 150년 전통을 자랑하는 음식점의 음식이 더 맛있을 것 같다는 느낌, 200년의 전통을 자랑하는 가구점의 가구가 10년여 밖에 안 된 가구점의 가구보다 비싼 것이 당연하다는 생각, 100년 전통의 학교를 다녔다는 것에 대해 자랑하고 싶은 마음. 이러한 생각들은 지극히 보편적이고 자연스러운 것이다. 왜냐하면 전통은 세대에서 세대를 걸쳐서 가치 있는 것으로서 보존되고 전승되어 온 사회적 유산으로서의 권위를 갖기 때문이다. 그래서인지 우리 일상에서 '뿌리 깊은 전통을 자랑하는' 예들은 쉽게 찾아진다. 특히 학교의 홍보나 여행지 소개, 페스티벌이나 각종 행사에서 고객들을 유치하기 위한 홍보에서 역사와 전통을 자랑하는 것을 자주 발견할 수 있다. 음식점, 가구점, 백화점 다양한 분야에서도 역사와 전통을 자랑하는 모습이 많이 발견된다.

125년 전통을 기념하는 영국 anchor 광고

3. 매력(attractiveness)

매력은 엄밀한 의미에서 볼 때, 생산자 자체가 갖고 있는 속성이라기보다는 수용자가 생산자에게서 느끼는 태도라고 할 수 있다. 일반적으로 매력적인 생산자들에 의해 전달되는 메시지는 그렇지 않은 생산자에 의해 전달되는 메시지보다 훨씬 설득력 있게 받아들여지게 되는데, 생산자의 매력을 규정하는 기준은 애호성(liking), 친밀감(familiariy), 유사성(similarity)이다.

1) 애호성

사람들은 자기들이 좋아하는 사람한테 잘 설득된다. '친구 따라 강남 간다.'는 속담이 있다. 친구가 얼마나 좋으면 별 볼일 없는데도 친구를 따라 강남까지 따라 갔을까? (본래 속담은 '자기는 하고 싶지 않으나 남에게 끌려서 덩달아 하게 되는 경우'를 이르는 말이지만, 일반적으로 우리가 아무나 따르는 것은 아니니까 친구에 좀 더 집중해서 풀이하자면 그렇다는 말이다.) 대부분의 광고에서 인기 연예인을 모델로 삼는 이유는 사람들이 그들을 좋아하기 때문이다. 그들에 대한 좋은 감정은 제품에 전이되어, 제품에 대한 호감을 유발한다. 실제로 필자는 가전제품 매장 직원으로부터 김치 냉장고를 사러 오는 사모님들은 오자마자 무조건 '우리 승기 냉장고'를 찾는다는 얘기를 들은 적도 있다. (한국 CM전략연구소는 2005년 5월부터 방송되는 모든 TV CM을 대상으로 소비자의 호감도를 조사해오고 있다. 해당 조사에 따르면, 가수 이승기는 2010년, 2011년, 2012년 3년 연속 모델 선호도 1위 자리를 지키고 있으며, 요즘 모 브랜드의 김치 냉장고 모델로 활동 중이다.[6])

사람들이 상대방을 좋아하게 되는 첫 단계는 외모에서 출발한다. 영화 <미녀는 괴로워>에서 자동차 사고를 내고서도 오히려 피해자에게 사과를 받고, 멀쩡히 잘 다니던 오토바이 배달부를 차량 게이트 차단기에 걸려 넘어지게 만든 것은 모두 전신성형을 통해 너무나도 예뻐진 그녀의 외모 때문이었다. 재판 과정에 있어서도 피의자의 외모나 체격이 판결에 매우 중요한 역할을 한다는 것도 다수의 연구 결과를 통해 잘 알려져 있는 사실이다. 아름다운 여성 피의자는 그렇지 않은 피의자

보다 유죄 판결을 받지 않을 확률이 높다고 한다.

지펠 그랑데스타일8600 2012.03.15.

영화 〈미녀는 괴로워〉 한 장면

이처럼 일반적으로 사람들의 인상이 어떻게 결정되는가는 그 사람의
용모, 머리모양, 옷차림 등 그 사람의 외모가 크게 영향을 미치는 것으
로 알려져 있는데, 이는 인간에게는 불안한 미래를 예측하고자 하는 욕
구가 있기 때문이다. 예측하고자 하는 욕구는 인간관계에 있어서도 작
용하는데, 앞으로의 관계를 예측하고자 해도 처음 만났을 때는 상대방
에 대해 주어진 정보가 없기 때문에 외모로 판단하게 된다는 것이다.[7]
그런데 문제는 우리 모두가 TV에 나오는 연예인 뺨칠 외모를 갖고 있
을 수는 없다는 데 있다. TV에 아무리 예쁘고 잘 생긴 연예인이 많이
나온다고 해도, 그들은 대한민국 평균 외모가 아닐진대, 하물며 평범한
사람들이 그런 빼어난 외모를 가질 확률이 얼마나 되겠는가? 그렇다고
모두가 손 맞잡고 병원 문을 두드려야 될까? 아니면 남에게 외모로서
호감을 끄는 것은 애초에 포기해야 할까?

외모가 매력적인 사람에 대해 관심이 가는 것은 어쩔 수 없는 현상
이지만, 타고난 미모를 갖지 않았더라도 얼굴 표정이나 시선, 옷차림
등에 신경을 쓰는 것만으로도 좋은 인상을 줄 수 있다. 말투나 자세, 자
신감 역시 좋은 인상을 형성하는 데 중요한 역할을 한다. 한편, 한번 결

정된 첫인상은 쉽사리 바뀌지 않기 때문에 우리는 좋은 첫인상을 주기 위해 부단한 노력을 해야 한다.

그렇다면 사람들이 상대방의 첫인상을 결정하는 시간은 얼마나 될까? 첫인상을 결정하는 데 걸리는 시간은 3초~5초 정도라는 것이 일반적인 의견인데, 심지어 단지 0.1초 만에 첫인상이 결정된다는 연구 결과가 보도된 적도 있다.

낯선 사람 앞에서 우리의 뇌는 초고속으로 움직인다. 그 사람이 매력적인지 여부 또는 신뢰할 수 있는지 여부를 눈 깜짝할 사이에 판단한다는 것.

라이브사이언스와 가디언 등 해외 언론들이 23일 보도한 바에 따르면, 미국 프린스턴 대학의 심리학자 알렉스 토도로프는 상대방의 얼굴에 대해 사람들은 직관적으로 반응한다는 사실을 밝혀냈다. 단 0.1초 만에 상대방의 매력도나 신뢰도를 판단한다는 것. 이런 판단은 대화나 성찰의 과정을 거치지 않는다.

"우리는 한 사람이 우리가 중요하다고 생각하는 특성들 예를 들어 좋아할만 한지 능력이 있는지 등을 판단할 때 너무나 빨리 결정을 내린다. 한마디 말도 주기 받기 전에 말이다."라면서 이런 초고속 판단 습관이 인간에게 "본질적인 hard-wired" 것으로 보인다고 토도로프 교수는 말했다.

그는 또 "얼굴의 특성과 사람 성격의 연관은 아주 옅을 뿐인데도, 우리의 마음은 한 눈에 다른 사람들을 평가한다"고 덧붙였다.

토도로프 교수는 피실험자들에게 낯선 사람의 사진을 보여주었는데, 사진을 본 시간이 1초이건 0.5초이건 0.1초이건 피실험자들은 사진 속 사람에 대해 똑같은 판단을 내린 것으로 나타났다. 사진 노출 시간을 늘려도 상대에 대한 판단 내용을 바꾸기 보다는 더 확신하게 되는 경향을 보였다는 것이 연구팀의 설명. -이하 생략

－팝뉴스 2006.08.24. 이나무 기자

사람들은 자신을 좋아하는 것처럼 보이는 얼굴을 더 좋아하기 때문

에 미소 띤 얼굴을 선호하고, 시선을 맞추고 미소를 지을 때 시선을 맞추지 않은 경우보다 더욱 매력적으로 느낀다고 한다. 미소를 짓는 방법도 매력의 정도를 다르게 느끼게 하는데, 조커의 미소와 같은 '급조된 웃음'이 아니라 모나리자의 미소와 같이 천천히 번지는 미소를 더욱 매력적으로 느낀다.

사람들은 말이 담고 있는 메시지보다 말투에 더 민감하게 반응한다. 상대방에게 화가 나서 "꺼져."를 외칠 때와 같은 말투로 "사랑해."라고 말해보라. 아마도 상대방이 자신을 정말 사랑하고 있다고 느끼는 사람은 아무도 없을 것이다. 말투는 그 사람의 태도와 감정뿐만 아니라 성격과 성품까지 알려주는 중요한 도구이므로 제대로 활용해야 한다. 상대방을 설득할 때에는 안정감 있고 조용한 목소리, 빠르지 않고 여유 있는 말투를 사용해야 한다.

설득의 생산자가 좀 더 매력적으로 보이기 위해서 깔끔한 옷차림 또한 필수적이다. 때와 장소에 맞는 옷차림을 갖추는 것 또한 중요하다.

2) 친밀감

친밀감이란 친근감이라고도 할 수 있는 것으로, 지내는 사이가 매우 친하고 가까운 느낌을 말한다. 이는 친숙성을 바탕으로 하는데, 친숙성이란 자주 보거나 들어서 익숙한 정도로, 어떤 대상을 자주 보아 익숙해지면 친한 느낌이 들게 된다. 이를 심리학에서는 '단순노출 효과' 또는 '에펠탑 효과'라고 한다.

프랑스 파리의 대표적 상징물로 여겨지는 에펠탑은 초기에는 시민들과 예술가들의 반대에 부딪혔다. 원래 파리는 5,6층짜리 고풍스러운 고딕 양식 건물로 이루어진 도시인데, 300m의 흉측한 철탑은 도시와 어울리지 않는다는 이유에서였다. 그러나 1989년 4월 15일 탑이 완공된 후 여론은 180도로 달라졌다. 건립기간 동안 매일 눈에 띄게 보이는 거대한 철탑에 사람들이 정이 들었던 것이다. 이처럼 처음에는 관심도 없거나 혹은 싫어하던 대상도 계속해서 마주치게 되면 나중에는 친근해져서 호감을 갖게 되는 것이다. 너무 못 생겼다 생각했던 연예인들도 자꾸 보다보면 별로 못 생겼다는 느낌을 받지 못하게 되는데 이 역시 단순노출효과라 하겠다.

한편 근접성도 친밀감 형성에 중요한 영향을 끼친다. '몸이 멀어지면 마음도 멀어진다.'는 얘기가 있다. 잘 사귀던 연인이 남자가 군대를 가게 된다든가 누구 하나가 유학을 가게 된다든가 해서 만날 기회가 적어지면 자연스레 헤어지는 되는 것은 매우 흔한 일이다. 반대로 가까이

살거나 함께 일하고 있다면 그와 친구가 될 가능성이 커진다. 바로 옆집에 사는 이웃과 친해질 확률이 서너 집 건너 사는 이웃과 친해질 확률보다 높다. 가까이 있으면 익숙해지고, 익숙해져서 호감이 생기게 되는 것이다.

3) 유사성

사람들은 나이, 교육 정도, 경제적 수준, 종교, 인종, 고향이나 거주지 등이 서로 비슷하거나 태도나 의견 등이 비슷한 사람에게 보다 매력을 느끼고, 잘 설득될 수 있다. 사람들이 자신과 비슷한 사람에게 보다 매력을 느낀다는 것은 많은 실험을 통해서도 증명된 바 있다.

한 여성이 5개의 낯선 남자 사진이 있는 방에 있다. 가장 호감이 가는 사람을 고르기 위해 사진을 둘러보던 그녀는 한 사람 사진 앞에서 계속 시선을 주다가 결국 그 남자를 고른다. 하지만 그 남자는 그녀였다. 자신을 이성으로 합성한 본인 사진.

다른 피실험자들도 마찬가지로 자신과 닮은 사람을 좋아했다. 실험에 동원된 20명의 남녀는 대부분 자신의 얼굴을 이성의 얼굴로 합성한 사진을 골랐다.

-EBS 〈다큐프라임〉 2009.04.27. 방영분 참고

버락 오바마가 미국 사상 최초 흑인 대통령으로 당선되기까지 그의 스피치를 살펴보면, 그는 결코 자신이 남들과 다른 엘리트라는 점을 강조하지 않았다. 그 대신 자신은 평범한 미국인이며, 'American Dream'을 가지고 행복을 좇아 노력하는 사람임을 강조했는데, 유사성을 바탕으로 한 지지의 호소가 받아들여졌음은 그의 당선 결과가 말해준다.

한편, '거울 뉴런'의 연구자로 저명한 이탈리아 신경심리학자 리촐라티(Giacomo Rizzolatti) 교수는 상대방에게 호감이 느껴지면 그 사람과 비슷한 행동을 하게 된다는 발표를 했다. 이는 유사성이 있기 때문에 호감을 느끼기도 하지만, 호감이 생김으로써 행동이 유사해질 수도 있음을 보여주는 것이다.

- 다음의 실험을 참고로 하여, 설득에 영향을 미치는 생산자 요인에 대한 실험을 계획해보자.

▌실험1 : 차림새의 변화가 설문 응답률에 미치는 영향

학생A(캐주얼) | 학생B(트레이닝복) | 학생C(정장)

결과1. 응답률 A 80% : B 10% : C 70%

분석1. A의 경우 같은 학생이라는 유사성이, C의 경우 정장이 주는 깔끔함이 설문자에 대한 호감을 형성한 것으로 판단됨.

▌실험2 : 객관적 자료 제시가 모금에 미치는 영향

A 모금의 구체적 근거 제시

B 모금의 구체적 근거 제시 없음

결과2. 모금 호응 A 20% : B 0%

분석2. 아무래도 모금 대상이 학생이다 보니 실제 돈을 내는 데는 무리가 있었던 것으로 판단됨.

▌실험3 : 사람들은 전문성에 얼마나 쉽게 유혹 당하는가?

헬스클럽에서 혼자 운동하고 있는 <갑>에게 운동법 가르치기

A 같은 헬스장 회원 - 제대로 된 운동법 조언

B 전문 트레이너 - 황당한 운동법 조언

결과3. <갑>은 B를 신뢰하여 황당한 운동법을 열심히 따라함.

분석3. 사람들은 전문가라는 지위에 무방비로 설득 당하는 경향이 있음. 한편 피실험자가 한 명이어서 실험의 객관성을 확보하는 데 어려움이 있음.

－2012년 2학기 학생 과제 일부 발췌 재구성

1 '믿음'은 일반적인 설득 커뮤니케이션론에서 '공신력'이라 불리는 문제와 관련되는 개념이다. 일반적으로 '공신력'이라 부르는 개념 속에는 전문성과 신뢰성이 포함되는데, 메시지 설득 모델 이론에서는 신뢰도(trustworthiness)가 공신력(credibility)과 대등한 개념으로 제시되기도 한다. 이렇듯 학자에 따라 유사한 개념을 서로 다른 위계로 사용하거나 나타내는 의미의 차원을 다르게 보는 등 용어 사용에 통일된 의견의 일치를 보이지 못하고 있을 뿐만 아니라, 공신력이라는 용어는 주로 법률상의 효력을 의미하는 특수한 용어이기 때문에 이해의 부담을 가져온다. 또한 공신력이나 신뢰도 모두 수용자의 생산자에 대한 '믿음'과 관련된 의미에서 공신력, 신뢰도 등의 용어보다는 '믿음'이라는 용어가 훨씬 더 적절할 것으로 생각된다.

2 윌리엄 베노이트·파멜라 베노이트, 2010, 『설득메시지』, 커뮤니케이션북스, p.134 참고.

3 로저 도슨, 2002, 『설득의 법칙』, 비즈니스북스, pp.143~144 참고.

4 로저 도슨, 위의 책, p.62 참고.

5 이두원 1998, 『커뮤니케이션과 기호』, 커뮤니케이션북스, p.71 참고.

6 www.tvcf.co.kr 제공 ADZINE '2012년 광고 선호도 결산' 참고.

7 YTN scienceTV 2008.10.01. 방영분 참고.

제3장 설득과 수용자

수용자는 설득 커뮤니케이션에 있어서 메시지를 이해하고 해석하는 설득 커뮤니케이션의 한 구성요소이다. 설득의 생산자에 대한 연구가 설득 커뮤니케이션에 참여하는 '나'를 점검하고 준비하는 과정이었다면, 설득의 수용자를 파악하는 문제는 설득 커뮤니케이션에 참여하는 '너'를 예측하고 대비하는 것이 된다. 수용자는 단순한 커뮤니케이션의 청자 역할만을 하는 것이 아니라, 메시지를 어떻게 이해하고 수용할 것인가를 결정하는 능동적인 커뮤니케이션의 참여자이기 때문에, 잠재적 수용자의 성격을 명확히 하는 것이 매우 중요하다. 이를 명확히 파악해야 설득의 목적을 달성하기 위한 효과적인 전략을 세울 수 있기 때문이다. 수용자의 변인을 파악함으로써, 수용자의 성격을 명확히 하는 것은 마케팅의 '수용자 세분화(audience segmentation)' 또는 '시장 세분화(market segmentation)'와 관련된다. 마케팅에서는 다수의 수용자를 비슷한 욕구, 성격, 선호 경향에 따라 분류하고 구성함으로써, 소비자의 욕구를 충족시킬 만한 제품을 기획 및 생산하고, 소비자에게 맞게 최적화된 마케팅 커뮤니케이션 전략을 실행한다.

소니 2012.12.01.

니콘 2012.11.15.

　위의 사진은 거의 같은 시기에 방영된 동종 제품의 두 광고의 일부를 보인 것이다. 오로지 광고만으로 판단한다고 할 때, 당신에게 매력적으로 느껴지는 제품은 어느 쪽인가? 아마도 남성은 왼쪽 제품을, 여성은 오른쪽 제품을 선호할 것이다. 각 카메라별로 약간의 기능 차이가 있긴 하지만, 두 광고에서 가장 두드러지는 차이는 왼쪽은 남성적 느낌이 강하고, 오른쪽 광고는 여성적 느낌이 강하기 때문이다. 그렇다면 비슷한 제품의 광고에서 서로 다른 느낌을 강조하는 이유는 무엇인가? 해당 제품을 구입하기를 원하는 목표 고객이 다르기 때문이다. 광고의 표현과 메시지로 볼 때, 위 광고의 생산자는 왼쪽은 남성 고객을, 오른쪽은 여성 고객을 겨냥하고 있는 것으로 보인다. 이처럼 광고의 생산자는 메시지를 만들기 전에 제품의 잠재적 수용자를 미리 설정하고, 그들에 맞는 설득 전략을 세운다. 따라서 어떤 수용자를 기대하느냐 하는 것은 설득의 전략을 세우는 데 있어서 매우 중요한 요소가 된다. 설득에 영향을 미치는 수용자 변인은 '인구통계학적' '사회문화적', '심리적' 세 가지 차원에서 살펴볼 수 있다.

1. 인구통계학적 변인

인구통계학적 변인이란, 수용자의 나이, 성별, 교육, 종교, 인종, 직업, 소득 등의 요소에 따라 수용자의 성격이 달라질 수 있음을 의미한다. 따라서 이에 따른 수용자의 차이에 따라 설득 전략을 다르게 세울 필요가 있다. 예를 들어 성폭력 예방 캠페인처럼 특정한 성별에 민감한 주제를 다룰 때는 성별에 따라 설득 전략을 달리 구상해야 한다. 대부분의 성폭력 가해자가 남성이므로, 남성에게는 성폭력이 심각한 범죄라는 것을 알리는 메시지를, 여성에게는 성폭력 예방을 위한 행동이나 대처 방법을 알리는 메시지를 전달하는 게 효율적이다. 또한 아동을 대상으로 성폭력 예방 캠페인을 실시할 때와 성인을 대상으로 캠페인을 실시할 때의 전략도 달라져야 한다. 아동들에게는 애니메이션이나 동화 구연, 인형극 등의 방식을 이용하여 메시지를 전달함으로써 되도록 쉽게 내용을 이해하도록 하는 방안을 연구해야 한다. 낯선 이에 대한 경계와 방어 행동을 몸에 익히도록 하는 데 주력하는 한편, 낯선 이에 대한 지나친 두려움이나 경계심을 지니지 않도록 하는 데도 주의해야 할 것이다.

1) 나이

사람들은 나이에 따라 신체적, 정신적으로 차이가 있다. 따라서 설득의 생산자가 수용자의 나이에 주의를 기울이고, 그 나이 대에 맞는 설득 전략을 계획하는 것은 설득에 있어서 아주 기본적인 자세라 하겠다. 나이에 따라 중요하게 생각하는 가치나 관심 분야가 달라질 것이고, 설득의 정도나 설득에 있어서의 영향력의 범위도 달라지기 때문이다.

유아기 아이들은 관심사가 수시로 변하지만 주로 놀이에 관심이 많고, 10대에는 주로 이성이나 친구, 외모에 대한 관심사가 높아지게 마련이다. 20대에는 주로 취업이나 결혼 등 미래에 대한 관심이 많아지고, 30대에는 육아나 재테크에 대한 관심이 높아진다. 중고생 자녀의 부모 세대인 40대는 자녀교육에 대한 관심이 높을 수밖에 없다. 50대에는 자녀의 결혼이나 노후에 대한 관심이 높아지는 시기이다.

아이들을 내 뜻대로 움직이고자 할 때, 좋아하는 장난감이나 용돈을 아이들 손에 쥐어 주는 것만으로도 쉽게 설득할 수 있다. 심지어 달콤한 사탕 한 알로도 아이들을 설득하는 것이 가능할 수도 있다. 그러나 아이가 점점 나이를 먹을수록 장난감이나 용돈만으로는 설득하기 어려워진다. 이는 경험을 통하여 쉽게 알 수 있는 사실이다. 또한 어린 아이들은 부모의 절대적인 영향력 아래에 있기 때문에, 아이들을 직접적으로 공략하는 것보다는 부모를 움직이는 것이 훨씬 효과적일 때도 있다. 수많은 사교육 열풍은 결코 공부를 열심히 하고 싶은 아이들 스스로에 의한 것이 아니라는 점을 생각해보라. 그러나 나이가 들면서 부모의 영향력은 점점 약해지고, 친구나 동료의 영향력이 강해진다.

이처럼 나이는 수용자를 미리 예측할 수 있게 하는 좋은 도구이다. 그러나 절대적인 기준은 되지 않는다. 같은 30대라 하더라도, 누군가는 이미 중학생 자녀를 둔 부모일 수 있고, 누군가는 여전히 미혼일 수 있기 때문이다. 그들의 관심사나 삶의 스타일이 다를 것은 자명하다. 그럼에도 불구하고 수용자의 나이에 주목해야하는 이유는 위에서 살펴본 바와 같이 나이에 따라 달라지는 보편적인 패턴이 존재하기 때문이다.

2) 성별

T.S.엘리어트는 "남자는 망각에 의해 살아가고, 여자는 기억을 양식으로 살아간다."라고 하였다. 남자와 여자는 신체적 차이뿐만 아니라 유전적, 사회적, 정신적으로 많은 차이를 갖는다.

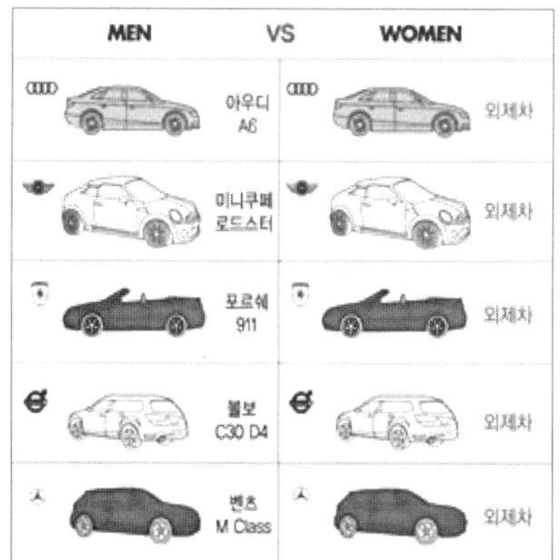

남자/여자의 차이 1 [출처 : 인터넷 커뮤니티]

남자/여자의 차이 2 [출처 : 인터넷 커뮤니티]

남자/여자의 차이 3 [출처 : 인터넷 커뮤니티]

위 그림은 남자와 여자의 차이를 간단히 정리한 것으로, 최근(2012.

11.01.) 각종 인터넷 커뮤니티에 게시되면서 누리꾼의 호응을 얻었던 화제의 그림이다. 남자는 각종 외제차의 차종을 명확하게 구분하여 인식하지만, 여자는 그냥 다 외제차로만 인식한다. 반면 여자는 학교 갈 때, 여행 갈 때, 약속이 있을 때, 쇼핑을 할 때 등 외출의 목적에 따라 다 다른 가방을 들지만, 남자들은 가방의 종류에는 무심하다. 어떤 목적으로 외출을 하든 늘 배낭만을 메고 다닌다. 이성에 관한 질문에 있어서도 여자들은 각 질문에 따라 다양한 반응을 보이지만, 남자들은 오직 상대방이 예쁜지에만 관심이 있는 모습이다. 약간은 과장된 면이 있긴 하지만, 이처럼 남자와 여자가 근본적으로 다르다는 것은 분명한 사실이다.

남자와 여자의 차이 가운데, 효과적인 설득을 위해 반드시 명심해두어야 할 점은, 일반적으로 남성은 대화를 통하여 문제를 분석하고 해결책을 제시하는 데 집착하는 반면, 여성은 대화를 통하여 감정을 분출하고 공감을 얻는 것을 선호한다는 점이다. 따라서 설득 커뮤니케이션에서 남성을 대할 때와 여성을 대할 때 생산자의 태도를 조정할 필요가 있다. 공감지향적 성향을 지니는 여성은 생산자와의 감정적 교류를 상당히 중요하게 생각한다. 내가 원하는 것을 생산자가 먼저 알아차리고 동조해주기를 바란다.

한편, 현대의 소비 시장에서 여성은 남성에 비해 주도권을 갖는 경향이 있다. 예전에는 남성이 구매하는 상품과 여성이 구매하는 상품에 분명한 구분이 있었다면 지금은 더 이상 그런 구분이 필요하지 않다. 여성들은 남편, 아이, 다른 가족의 물건 등 지금 쇼핑 현장에 있지도 않은 사람의 물건까지도 구매하기 때문이다. 이를 '부재자쇼핑'이라고 한다. 심지어 집을 사는 문제도 여성들의 의견이 매우 결정적이다. 당신이 판매원이고, 매장에 남녀 커플이 들어왔다면 누구의 호감을 얻는 것이 상품 판매에 유리할까?

3) 교육정도

　제2차 세계대전 말기, 미 육군 정보 교육부에서는 장기간에 걸친 소모전에 대비하여, 병사들이 일본과의 싸움이 오래 갈 것이라 생각하도록 만들기 위한 실험을 계획하였다.[1] 우선 군 수뇌부는 병사들에게 전달할 A와 B 두 개의 방송 대본을 준비하였다. A는 '방대한 전선, 일본인의 투철한 전의(戰意) 때문에 전쟁이 오래 갈 것'이라고 호소하는 내용만으로 구성하고, B는 A와 동일한 내용 외에, 유럽 전선에서 이긴 뒤에는 일본에만 집중할 수 있고, 일본의 공업력은 수준이 높지 않기 때문에 뜻밖에 싸움이 빨리 끝날 수도 있다는 내용을 함께 포함하여 구성하였다. 이는 군 수뇌부 설득의 본래 의도에 반하는 내용까지 포함한 양면 메시지에 해당한다. 방송을 통해 두 개의 메시지를 내보낸 후, 질문지를 이용하여 '독일이 항복하고 나서 일본을 무찌를 때까지 어느 정도의 기간이 걸릴 것이라고 생각하는가?'를 조사하였는데, 18개월 이상의 장기전을 예측한 병사들은 실험 전 37%에서 실험 후 59%로 크게 늘어났다. 이 때 학력에 따라 두 메시지에 대한 반응에 차이가 있었는데, 고졸 이하의 학력을 가진 병사들의 경우, A 메시지를 받은 경우가 B 메시지를 받은 경우에 비해 장기전을 전망하는 비율이 15%나 높게 나타났고, 고졸 이상의 학력을 가진 병사들의 경우, B 메시지를 받은 경우가 A 메시지를 받은 경우에 비해 장기전을 대한 전망하는 비율이 14% 높게 나타났다. 이러한 결과는 저학력자에게는 편면 메시지(A)가, 고학력자에게는 양면 메시지(B)가 보다 효과적임을 보여주는 것이라 하겠다. 그렇다면 이처럼 고학력자에게 양면 메시지가 효과적인 이유는 무엇인가? 일반적으로 고학력자일수록 주어진 정보를 비교하고 탐색하여 스스로 판단을 내리기를 좋아하는 경향이 있기 때문에 양면 설득이 효과적인 것으로 알려져 있다. 그러나 이는 절대적인 기준은 아니라는 것 또한 명심해야 할 것이다. 교육정도가 높더라도 개인의 성격, 지적 능력 등에 따라 정보에 대한 이해와 수용의 정도가 다를 수 있기 때문이다.

4) 기타

수용자의 종교, 인종, 직업, 소득, 출신지, 출신 학교 등을 파악하는 것도 설득 전략을 구사하는 데 많은 도움이 된다. 종교, 인종, 출신지 등은 생산자와 수용자 사이의 동질감을 조성할 수 있는 유용한 도구가 된다. 특히 우리나라는 학연이나 지연이 강한 유대감을 형성하기 때문에, 수용자의 출신 학교, 출신지, 종교 등을 이용해서 상대방의 호감을 이끌어내기 쉽다. 이는 불필요한 말실수를 줄이는 데도 도움이 된다. 누구나 한 번쯤은 특정 학교나 지역, 종교 등에 대한 불쾌감을 무심코 표현했다가 당황한 경험이 있을 것이다. 한편 직업이나 소득을 파악하는 것은 수용자의 생활 패턴이나 구매력 등을 가늠할 수 있는 지표가 된다는 점에서 중요하다.

2. 사회문화적 변인

교통, 통신, 수단 등 물질적 분야는 물론이고 이것들을 다루는 인간의 사고방식과 행동양식, 집단의 형태, 사회규범, 각종제도, 사회계층, 가치관, 언어 등 비물질 분야에 대한 주어진 조건인 사회문화적 조건에 따른 변인을 사회문화적 변인이라 할 수 있다.

1) 라이프스타일

라이프스타일은 개인이나 가족의 가치관 때문에 나타나는 다양한 생활양식, 행동양식, 사고양식 등 생활의 모든 측면의 문화적·심리적 차이를 나타낸 말이다. 그것은 사람들을 구별하게 만드는 행위의 유형이며, 사람들이 무엇을 하며, 왜 하며, 그리고 그것이 자신과 다른 사람들에게 무엇을 의미하는지 등에 관해 이해하는 데 도움을 준다. 당신은 자동차 판매상이다. 고객이 자동차를 사러 왔다면, 당신은 어떤 자동차를 권하겠는가? 주말마다 가족들과 여행 다니는 것을 즐기는 사람에게 권하는 자동차와 출퇴근 이외에는 운전할 일이 별로 없는 독신 여성에게 권하는 자동차의 종류는 분명 다를 것이다. 신혼부부에게 세금이 싸고 연비가 높은 소형차를 제안할 수도 있을 것이고, 앞으로 아기가 태어날 것이라는 점을 강조하며 준중형이나 중형차를 권할 수도 있을 것이다. 당신이 보험 설계사라면 수용자의 가족 구성을 고려한 플랜을 제시하지 않으면 안 된다. 이처럼 수용자의 라이프스타일이 어떠한가에 따라 생산자의 설득 메시지와 전략은 달라져야 하므로, 수용자의 라이프스타일을 이해하는 것은 매우 중요하다.

2) 개인 vs 집단

사회적 존재로서의 인간은 의사결정에 있어서 그들과 관계 맺고 있는 집단의 영향을 크게 받는다. 또한 한 개인은 개인으로 존재할 때와 집단 속에 있을 때 행동 양식에 차이를 보인다. 개인으로서의 수용자는 개인적 성향에 의해 의사를 결정하지만, 집단 속의 개인은 의사 결정에 있어서 집단의 영향을 많이 받는 것이다. 따라서 개인에게 영향을 미치는 집단에 대해 파악하는 것이 필요하다. 설득하고자 하는 대상이 개인인지, 집단인지를 파악하는 것도 중요하다.

(1) 준거집단

10만 원 훌쩍 넘는 화장품 여중고생들에 유행… 新등골브레이커로

－전략－

화장품이 '신(新)등골브레이커'로 떠올랐다. 등골브레이커란 부모의 등골을 휘게 만들 만큼 비싸다는 뜻이다. 수십만 원을 호가하는 '노스페이스' 점퍼가 10대 사이에서 유행하면서 나온 말이다.

여중생, 여고생 사이에선 최근 서울 강남 일대를 중심으로 수입 화장품을 쓰는 게 유행이다. 서울 서초구에 사는 정모 양(17)은 "화장품이 교실 내 서열을 결정한다."고 했다. 에스티로더, SKⅡ 같은 고가의 수입 화장품을 쓰면 엘프(요정), 국산 고가 화장품을 쓰면 휴먼(인간), 젊은층이 타깃인 저렴한 화장품을 쓰면 오크(괴물)로 불린다고 한다.

포털사이트에선 '명품 기초화장품을 써봤더니 끈적거리지도 않고 좋다' 같은 10대의 후기를 찾는 게 어렵지 않다. 일부 학생 사이에선 화장품을 넣는 작은 가방인 파우치가 명품인지도 관심사다. 강원 속초에서 서울로 쇼핑 왔다는 김영임 양(16)은 "화장품 사느라 아르바이트하는 친구도 있다"고 전했다. －중략－ 전자기기는 최근 몇 년 사이 등골브레이커 상위권에 자리 잡은 품목이 됐다. 지난해 대학수학능력시험 직후엔 자녀 이름을 새긴 태블릿PC가 졸업 및 입학 선물로 불티나게 팔렸다. －이하 생략

－Donga.com 2013.01.31. 신진우 기자

부모님의 등골을 휘게 만들면서까지 학생들이 학생 신분에 어울리지

않는 명품을 선호하는 이유는 소속의 욕구와 깊은 관련이 있다. 사람들은 자신이 속한 무리에서 배척당하는 것을 두려워한다. 이러한 소속의 욕구는 청소년기에 특히 더 강하게 작용하는데, 이것이 또래의 문화를 형성, 소비에도 직접적인 영향을 끼치게 된다. 인간의 삶에서 외로움을 가장 많이 느끼는 시기는 청소년기라 한다. 청소년들의 이러한 외로움을 채워줄 수 있는 것은 바로 '또래집단'인데, 청소년들은 또래가 가지고 있는 물건을 가짐으로써 같은 소속감을 느낀다. 따라서 청소년들에게는 또래집단의 선호도가 어떤 선택에 엄청난 영향을 미치는 것이다. '왕따'가 되느니, '등골브레이커'가 되는 것을 주저 없이 선택하게 되는 이유가 바로 여기에 있다.

이처럼 인간은 어떤 행동이나 판단을 내리고자 할 때, 특정 집단의 가치와 기준을 자신의 판단이나 행동의 기준으로 삼게 되는데, 그러한 집단을 '준거집단'이라고 한다. 학교집단, 노동자집단, 또래집단, 사회집단 등이 대표적인 준거집단인데, 준거집단은 소속집단과 반드시 일치하는 것은 아니다. 미국의 사회학자 R.K.머턴은 준거집단의 기능을 개인에 대하여 행위의 기준을 설정하고, 개인이 자기 및 다른 사람을 평가할 때에 그 평가의 기준을 제공하는 것으로 보았다. 준거집단에는 긍정적인 행위와 판단의 기준이 되는 긍정적 준거집단과 거부의 기준이 되는 소극적 준거집단이 있다.

⑵ 군중 심리

다음 광고의 주인공처럼 모두가 '예'라고 말할 때 '아니'라고 말할 수 있는 사람은 그리 많지 않다. 군중심리 때문이다. 군중심리는 개인이 군집(群集)의 한 성원이 되었을 때 일어나는 독특한 심리상태를 말하

는 것으로, 군중 속에서 '성별, 직업, 성격, 지능' 등 개인의 특성이나
사회적 관계는 소멸되고 사람들은 쉽게 동질화된다.

동양증권 2000.01.01.

남자들 : 예! / 남자 : 아니요!
NA : 모두가 예라고 할 때 아니라고 할 수 있는 친구. 그 친구가 좋다.
　　Yes도 No도 소신 있게. 동양증권
남자들 : 아니요! / 남자 : 예!
NA : 모두가 아니라고 할 때 예라고 할 수 있는 친구 그 친구가 좋다.
　　Yes도 No도 소신 있게. 동양증권

군중은 논리에 무력하고, 비판 정신이 전무하며, 참과 거짓을 구분을
못하고, 문제에 대한 판단력이 부재하기 때문에 암시에 쉽게 이끌리며,
어떤 사건의 신비롭고 전설적인 측면이 군중을 강력히 사로잡는다. 이
성보다 충동의 영향을 더 많이 받기 때문에 혁명적이나 동시에 폭력적

이며, 군집의 무명성(無名性)에서 오는 무책임성을 가지기도 한다. 우리나라는 특히 군중심리가 강하다고 할 수 있는데, 서양은 개인주의 의식이 깊은 반면, 우리나라는 공동체 의식이 깊게 자리 잡고 있기 때문이다. 한국인들에게 개인적 행동은 그리 달가운 것이 아니며, 다른 사람을 먼저 생각하고 다른 사람의 의견에 더 비중을 두는 데 가치를 둔다. 그래서 어떤 일을 결정하거나 결론을 내릴 때 개인적인 의견 보다는 타인의 생각에 더 영향을 받게 된다.

정답이 C인 매우 쉬운 문제가 있다. 그런데 참가자 5명 중 4명이 모두 오답인 A라고 말한다. 이제 당신이 답할 차례, 당신은 자신 있게 정답 C를 외칠 수 있을까? 이것은 스워스모어 칼리지의 심리학자 솔로몬 애시(Solomon Asch)의 유명한 '동조연구(conformity research)' 실험이다. 그 실험에서, 다른 사람이 모두 동일한 오답을 말할 때 자신도 그들과 같이 오답을 선택한 피실험자는 75%에 달했다. 터프츠 대학 심리학 교수인 사회심리학자 샘 소머스(Sam Sommers)는 교수는 이러한 현상을 동조의 힘이라고 말한다. 다른 사람들이 만들어놓은 흐름에 편승하려는 경향이 너무 강해 우리 중 4분의 3은 집단의 확실한 의견 일치에 감히 반항하지 못하고 오답을 말하게 된다는 것이다.[2]

3. 심리적 요인

1) 성격 유형

효과적인 설득 메시지를 생산하기 위해서 생산자는 수용자의 성격 유형을 미리 파악하는 것이 도움이 된다. 융(C.G.Jung)의 심리유형론에

따르면, 인간은 교육이나 환경의 영향을 받기 이전에 이미 잠재되어 있
는 선천적 심리 경향을 가지고 있으며, 각 개인은 자신의 기질과 성향
에 따른 4가지 이분척도에서 둘 중 하나의 범주에 속한다고 보았다.[3]

(1) 외향형 vs 내향형

외향형(extrovert)은 상호작용하는 논의에 관심을 갖는 유형이다. 그들
은 상대와의 많은 이야기를 통해서 정보를 처리하는 유형이기 때문에,
설득의 생산자는 설득이 이루어지는 동안에 이루어질 많은 질문과 응
답에 대한 계획을 세워야 한다. 따라서 너무 많은 정보를 미리 주는 것
보다는 그들이 적극적이고 능동적으로 설득에 참여할 수 있도록 그들
의 리드에 따라가 주는 것이 필요하다. 내향형(introvert)은 자신이 가지고
있는 정보를 충분히 생각해보기를 원하는 유형이다. 따라서 그들을 설
득하기 위해서는 그들에게 몇몇 관련된 자료들을 미리 검토할 시간을
가지게 해주는 것이 필요하다. 내향형 수용자에게 정보를 미리 주지 않
는다면, 그들은 생산자에 대해 우호적으로 생각하지 않을 것이고, 제안
한 내용에 동의하지 않을 가능성이 크다. 또한 이들은 어떤 제안에 적
극적으로 나서는 스타일이 아니기 때문에 이들을 토론이나 설득의 상
황에 참여시키길 원한다면, 충분한 시간을 주어 그들이 생각을 공유하
도록 하면서 참여를 유도하는 것도 한 가지 방법이 될 수 있다.

(2) 감각형 vs 직관형

감각형(sensing)은 정확성과 꼼꼼함에 가치를 두고 조직적이고 단계적
인 접근을 중시하는 형으로 모든 사실과 세부 사항을 확인하는 것을

좋아한다. 이른바 '나무'를 보는 유형이다. 따라서 감각형 수용자를 만족시키기 위해서 생산자는 그들이 원하는 대로 충분한 자료를 제공할 수 있도록 준비해야하며, 하나하나 꼼꼼히 짚어가며 순차적으로 이야기를 진행시켜 나가는 것이 필요하다. 직관형(intuition)은 자신의 예감이나 직관에 따른 통찰과 유추에 가치를 두고, 창의적이고 새로운 접근을 중시하는 유형으로, 이른바 '숲'을 보는 유형이다. 따라서 직관형 수용자를 만족시키기 위해서는 설득을 시작하기에 앞서 개요나 요약을 제공하여 전체 흐름을 미리 알도록 하는 것이 중요하다.

(3) 사고형 vs 감정형

사고형(thinking)은 논리적이고 분석적이며 객관적 판단을 하는 것을 선호하는 유형이다. 원리 원칙을 중시하고 지적인 논평을 선호하며, 원인과 결과, 규범과 기준과 같은 객관적이고 논리적 판단을 중요하게 생각하는 사람이다. 따라서 이들을 설득하고자 할 때에는 자신의 주장에 논리적인 허점이 없는지 꼼꼼히 검토하고 대비해야 한다. 감정형(feeling)은 사람과 사람 사이의 관계를 중요하게 생각하는 관계지향형으로, 상황 판단에 초점을 맞추는 경향이 있다. 보편적 선을 추구하며, 어떤 판단을 내릴 때 '좋다, 나쁘다'와 같은 주관적 판단을 내리는 경향이 있다. 따라서 이들을 설득하기 위해서는 설득의 결과가 가져오게 될 긍정적인 파급 효과와 관련된 부분을 강조하는 것이 좋다.

(4) 판단형 vs 인식형

판단형(judging)은 해야 할 일을 계획하고 그것에 따라 행동하는 것을 선호하는 유형으로, 시간을 계획하고 날짜를 정해 약속하고, 규칙적으로 꾸준히 노력해야 성취할 수 있다고 믿는 유형이다. 미리 계획함으로써 문제를 최소화하고자 하며, 빠른 결정을 내리는 것을 선호한다. 이들은 현재 논의되고 있는 사항의 핵심 내용이 뭔지를 중요하게 생각하기 때문에 귀납식으로 논의를 전개하는 것은 거부감을 줄 수 있다. 따라서 그들에게는 결론부터 빨리 알려주는 것이 좋다. 인식형(perceiving)은 새로운 정보와 선택에 대해 열린 마음으로 받아들이는 것을 선호하는 유형이다. 그들은 당신이 내린 결론이 가능한 모든 선택사항을 고려하여 결정된 것인지를 중요하게 생각하고, 왜 그러한 결론을 내리게 되었는지를 알고 싶어 한다. 어떤 제안이 너무 성급하게 이루어지는 것을 싫어하고, 결론도 성급하게 내리지 않는다.

2) 관여도

관여도란 설득의 주제에 자신이 얼마나 긴밀하게 관여하고 있는가에 대한 정도이다. 수용자는 설득의 주제에 긴밀히 관여하고 있다고 느끼는 수용자가 그렇지 않은 수용자보다 설득될 확률이 높다. 예를 들어 평소에는 부동산 소식에 전혀 관심을 기울이지 않던 사람도 결혼이 예정되어 신혼집을 구할 때가 되면 부동산 소식에 갑자기 관심을 갖게 된다. 대학생들은 수능 시험이 어려워진다는 뉴스보다도 올해는 취업문이 더 좁아질 것이라는 기사에 더 민감하게 반응하게 될 것이다. 다음과 같은 담뱃값 인상에 대한 기사에 예민하게 반응할 수용자도 비흡연자보다는 흡연자이거나, 가족 중에 흡연자가 있는 사람일 확률이 높다. 비흡연자들에게는 담뱃값을 5,000원 인상하든, 10,000원 인상하든 별로 중요한 문제가 아닐 것이기 때문이다.

> 담배값 인상에 대해 보건복지부가 입을 열었다.
>
> 보건복지부는 '국민건강증진법' 개정안 브리핑에서 "담뱃값 인상안이 개정안에 포함되지는 않았지만 개정안 확정 후 필요성이 다시 제기될 경우 지속적으로 검토"하겠다고 5일 밝혔다.
>
> 복지부 관계자는 "개정안 마련 과정에서 국민 여론이 충분히 수렴되지 않았다고 판단해 담배값 인상안을 개정안에 넣지는 않았다"고 말했다. 하지만 "개정이 확정된 후 입법논의 과정에서 필요성 등이 다시나올 경우 지속적으로 검토할 것"이라고 전했다.
>
> 또 보건복지부는 "최근 연구용역 결과 담배값은 5000원 이상이 될 가능성이 높다"는 견해를 밝히기도 했다. ─이하 생략.
>
> ─SBS CNBC 2013.02.05.

3) 동기

설득을 효과적으로 하기 위해서는 수용자가 가지고 있는 문제에 집중해야 한다. 이것이 수용자의 관심을 끄는 가장 중요한 방법이기 때문이다. 설득의 생산자는 수용자가 어떤 요구와 관심을 갖고 당신 앞에 서 있는지를 제대로 파악해야 하는데, 이 때 이러한 수용자의 요구와 관심을 '동기'라고 할 수 있다. 동기란 행동을 일으키며, 특정 목표를 향하게 하고, 행동을 유지시켜주는 긴장상태를 의미한다. 설득의 수용자들은 설득 생산자로부터 주어지는 정보를 선택적으로 받아들이는데, 이러한 선택과정에서부터 동기가 영향력을 발휘한다. 따라서 설득의 생산자가 설득의 효과를 높이기 위해서는 수용자의 욕구를 충족시킬 수 있음을 보여주거나, 수용자에게 새로운 욕구를 자극할 수 있어야 한다. 또한 반드시 그들의 문제를 해결할 수 있어야 한다.

4) 태도[4]

　‘태도’(attitude)라는 표현은 우리의 일상에서 매우 많이 사용된다. 예를 들어, 우리는 흔히 ‘매사에 긍정적 태도를 지녔다.’, ‘학습 태도가 좋다’, ‘그 남자/여자에게 좀 더 적극적인 태도를 보여라.’ 등의 표현을 사용한다. 그러나 이렇게 일상적으로 자주 사용하는 용어임에도 불구하고, 태도란 무엇인가를 한마디로 정의하기 어렵다. 우리의 일상에서 태도는 주로 ‘긍정적/부정적, 우호적/비판적, 좋은(바람직한, 올바른)/나쁜, 적극적/소극적, 적절한/부적적한, 성실한/불성실한’ 등의 감정적 평가의 대상이 되어 왔을 뿐이다. 사회학자들은 태도를 ‘어떤 대상에 대해 호의적 또는 비호의적으로 반응하도록 이끄는 학습된 사전적 경향(predisposition)’이라고 정의한다.

　태도는 인간의 행동을 예측할 수 있게 한다는 점에서 중요하다. 설득의 생산자, 설득의 주제, 설득의 상황 등에 대해 긍정적 태도가 형성되어 있는 수용자가 설득하기 좀 더 쉬울 것이다. 예를 들어, 식기 세척기의 구매 행위는 수용자가 식기 세척기에 대해 가지고 있는 태도의 차이에 따라 달라질 것이다. 평소에 ‘여자는 가사에 충실해야 한다.’는 태도를 가지고 있는 사람과, ‘여자들도 가사에만 얽매이지 말고 자기 계발의 시간을 가져야 한다.’는 태도를 가지고 있는 두 사람이 있다고 하자. 이 두 사람에게 식기 세척기를 팔고자 한다면 누구에게 판매하기가 더 쉬울까? 당연히 두 번째 사람에게 판매하기가 좀 더 쉬울 것이다. 식기 세척기가 가사의 편의를 도울 수 있으므로 여가 시간이 생기게 될 것이라는 점을 강조하면 된다. 그러나 첫 번째 사람의 경우는 다르다. 그녀는 청소나 빨래에 비해 설거지는 물리적으로 많은 힘이 드는 일이 아니므로, 식기 세척기의 도움을 받는 것을 가사에 충실하지 못한 행위로 생각할 것이다. 게다가 청소기나 세탁기가 없는 집은 없지만, 식기 세척기는 있는 집이 오히려 드물다는 점에서 청소기나 세탁기와 는 달리 식기 세척기는 생활 필수 가전이라 생각하지도 않을 것이다. 아마도 그녀는 평소에 식기 세척기를 사용하는 여자들을 '가사에 소홀 하며 불성실한 주부'라고 생각하거나, 이러한 생각을 공공연하게 말하 고 다녔을 수도 있다. 그녀에게 식기 세척기를 구입하도록 설득하는 것 은 매우 어려운 일이 될 것이고, 설득에 성공할 확률은 거의 없을 수도 있다. 한편, 만약 당신이 식기 세척기 광고로써 수용자를 설득하고자 한다면 광고에 등장하는 모델에 대한 태도도 식기 세척기의 구매 행위 에 영향을 미칠 수 있다. 모델에 대한 우호적/비우호적인 태도가 광고 의 선호도에도 영향을 미칠 수 있는 것이다. 이처럼, 설득의 목표 대상 이 특정한 논제나 논점에 대해서 어떠한 태도를 갖고 있는지 미리 알 고 있으면 우리가 설득적 메시지를 어떻게 꾸며야 하는가에 상당한 도 움을 받을 수 있을 것이다.

4. 태도 측정

　태도는 수용자의 행동을 예측하게 하므로, 수용자의 태도를 측정할 수 있다면, 설득의 효과를 높이도록 하는 보다 효율적인 전략을 세우는 데 많은 도움이 될 것이다. 태도는 직접적 또는 간접적 방법으로 측정 될 수 있으며, 이에 대한 측정 방법은 다음과 같다.

1) 직접적 측정

태도를 직접적으로 측정하는 방법은 다양한 척도를 이용하는 것이다. 태도를 측정하기 위해 사용되는 척도는 '서스턴 척도, 리커드 척도, 의미 분별 척도, 단일 항목 평가 척도, 거트만 척도' 등이 있다.

첫째, 서스턴 척도(Thurstone scale)는 어떤 대상에 대한 가능한 한 많은 설명을 문장으로 만들어 놓고 일정 수의 응답자들이 가장 많이 동의하는 문장을 찾아서 이 문장들을 이용해 대상들을 평가하게 하는 방법이다. 이 척도를 제대로 이해하기 위해서는 통계학과 관련된 지식이 필요하나, 여기서는 간단히 그 개념을 이해하는 정도로만 살펴보도록 하겠다. 예를 들어 '야간 통행금지'에 대한 태도를 측정하기 위한 서스턴 척도를 구성하는 과정을 생각해보자. 우선 '야간 통행금지'에 대한 호의적, 중립적, 부정적 태도를 표출하는 다수의 문장을 구성한다. '야간 통행금지는 심야범죄를 예방할 수 있는 아주 좋은 방법이라고 생각한다.' '야간 통행금지는 개인의 자유를 박탈하는 비민주적인 방법이다.' '강력범죄의 전과가 있는 사람에 한 해서 야간 통행금지를 시키는 것은 바람직한 방법이라고 생각한다.' 등의 문장을 구성하는 것이다. 이를 다수의 판정자에게 보여 각 의견(문장)이 '야간 통행금지'에 대한 호의적인 의견인가 아닌가를 판단하도록 한다. 이 때 7~11 단계 정도로 구분된 배점을 준다. 각 의견(문장)에 주어진 중앙값을 각 의견의 척도치로 삼는다. 이러한 방법으로 얻은 의견 군을 제시해서 어떤 의견에 가장 찬성하겠는가를 묻고 그 의견이 갖는 척도치를 그 사람의 태도로 정하는 것이다.

둘째, 리커트 척도(Likert scale)는 연구 대상에 관한 일련의 긍정적이거나 부정적 진술들로 이루어진 5점 또는 7점의 정해진 선택 틀 중에서 하나의 답을 고르도록 하는 강제 선택형 척도이다. 예를 들어 '이 광고가 좋다, 긍정적이다, 마음에 든다, 호감이 간다.' 등으로 질문한 후, '전혀 동의하지 않는다(1점) ~ 매우 동의한다(5점)'와 같은 항목을 주어 체크하도록 요구하는 것이다.

● '미국식 학제 도입'에 대한 리커트 척도

당신은 '우리나라도 미국의 학제를 따라 9월에 신학기를 시작해야한다.'라는 의견에 대해 어떻게 생각하십니까? 다음의 항목에 표시하여 주십시오.

5	4	3	2	1
매우 찬성	찬성	중립	반대	매우 반대

셋째, 의미 분별 척도(Sementic scale)는 서로 반대되는 형용사를 이용해 해당하는 지점에 체크하도록 하는 척도이다.

● 'A社 브랜드'에 관한 의미 분별 척도

당신은 'A사의 브랜드'에 대하여 어떻게 생각하십니까? 다음 항목에 대하여 표시하여 주십시오.

호의적이다	7	6	5	4	3	2	1	비호의적이다
좋다	7	6	5	4	3	2	1	나쁘다
긍정적이다	7	6	5	4	3	2	1	부정적이다

넷째, 단일 항목 평가 척도(single item scale)는 특별히 관심 있는 태도를 단일 질문을 선별해 직접적으로 측정하는 방법이다. 이 방법은 많은 태도 연구에 이용되고 있으나 신뢰성이 높지 못한 것이 약점이다. 단일 항목 평가 척도의 예는 다음과 같다.

● '스크린쿼터제 폐지'에 대한 단일 항목 평가 척도

다음의 9점 척도에서 '9'는 '스크린쿼터제 폐지에 매우 동의한다.'를, '1'점
은 '스크린쿼터제 폐지에 전혀 동의하지 않는다.'를 의미합니다. 당신의 태도
를 표시해 주십시오.

스크린쿼터제에 전혀 동의하지 않는다.	1 2 3 4 5 6 7 8 9	스크린쿼터제에 매우 동의한다.

다섯째, 거트만 척도(Guttman scale)는, 어떤 문제에 대해서 대부분의
사람들이 쉽게 받아들일 수 있는 진술문들로부터 시작해서 소수의 사
람만이 받아들일 수 있는 진술문들까지를 일직선상에 순위대로 배열해
놓음으로써 이를 통하여 개인의 태도를 측정하는 방법이다. 거트만 척
도는, 특정 진술문을 받아들이는 것을 보면 그 사람이 그것보다 받아들
이기 어렵지 않은 것들은 모두 받아들인다는 것을 알 수 있다는 측면
에서 '누가척도'라고도 부른다. 특정항목에 우호적인 대답을 한 응답자
는 비우호적으로 대답한 응답자보다 더 높은 점수를 받게 되고, 이 점
수는 우호-비우호적 태도 척도 사이에서 개인의 위치를 나타낸다. 거
트만 척도의 예는 다음과 같다.

● '다이어트와 운동'에 관한 거트만 척도

다음의 주어진 문항에 대하여 당신의 의견에 일치하는 경우에는 '예'를,
그렇지 않은 경우에는 '아니오'를 선택하여 표시하십시오. '예' 해당하는 경
우 '1점', '아니요'에 해당하는 경우를 '0점'에 해당합니다.

평소에 다이어트에 대해 생각해 본 적이 있다.	예 / 아니요
다이어트를 해 본 경험이 있다.	예 / 아니요
운동을 통해 감량을 해 본 적이 있다.	예 / 아니요
다이어트를 하는 데는 운동이 최고라고 생각한다.	예 / 아니요

2) 간접적 측정

간접적인 측정은 개인의 태도를 측정하기 위한 면접 및 설문 등의 직접적인 방법을 피하고 우회적인 방법을 통해 자료를 얻어낼 수 있는 방법이다. 이러한 간접적 태도 측정의 방법에는 '위장된 자기 보고', '태도의 행동적 지표', '태도의 생리적 지표'를 이용한 방법 등이 있다.

첫째, 위장된 자기 보고란, 응답자들이 태도를 측정당하고 있는 사실을 모르도록 한 상황에서 피험자의 태도를 측정하는 방법이다. 예를 들어, 수업이 진행 중인 교실의 모습을 담은 사진을 보여주고 그 사진에 대해 자유롭게 얘기를 하도록 함으로써 피험자의 교사 또는 교육에 대한 태도를 측정할 수 있다.

둘째, 태도의 행동적 지표를 이용하는 방법은 사람들의 행동을 통하여 피험자의 태도를 측정하는 방법이다. 예를 들어, 특정 브랜드의 상품을 구매하던 소비자가 그 상품의 가격이 오르자 그 브랜드에 대한 구매를 중지하고, 동일 상품군의 다른 브랜드로 대체하였다면, '그 사람의 제품 구매 태도는 낮은 가격에 대해 선호적이다.'라고 측정하는 것이 가능하다.

셋째, 태도의 생리적 지표를 이용한 방법은 피부 전기 반응이나, 동공 반응, 안면 근전도 등을 측정함으로써 피험자의 태도를 측정하는 방법이다.

- 다음의 실험을 참고로 하여, 설득에 영향을 미치는 수용자 요인에 대한 실험을 계획해보자.

▌실험 : 수용자의 성별, 수용자 집단의 크기, 설문 시간이 설득에 미치는 영향

절차1. 실험을 위한 배너와 홍보판을 제작, 길거리 서명 후, 정부 탄원서에 첨부한다는 명목으로 배너와 함께 사진 촬영을 요청.

  2. 이성적 설득과 감성적 설득의 두 측면으로 접근

결과1. 각 요인별 설득 만족도 ('이성 : 감성' 구분하지 않았을 때)

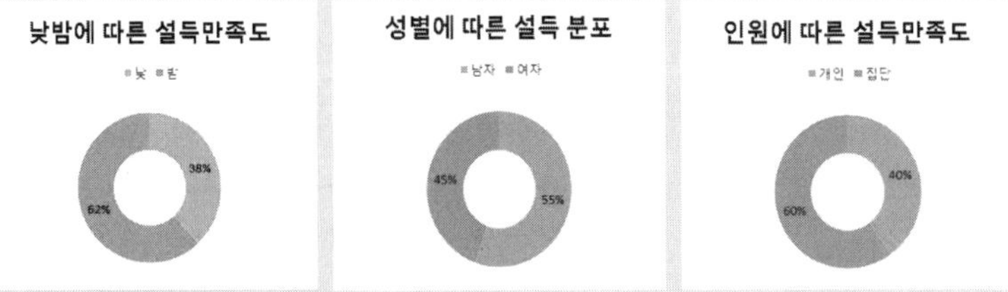

결과2. 감성적 설득의 결과

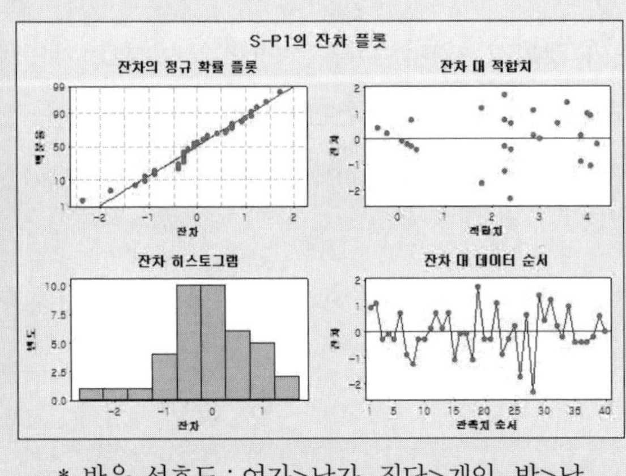

* 반응 선호도 : 여자>남자, 집단>개인, 밤>낮

결과3. 이성적 설득의 결과

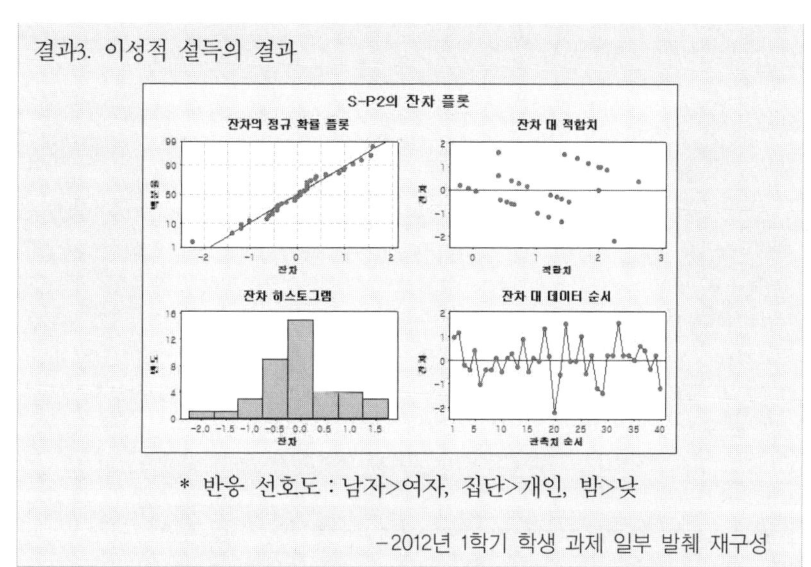

* 반응 선호도 : 남자>여자, 집단>개인, 밤>낮

−2012년 1학기 학생 과제 일부 발췌 재구성

1 다코 아키라, 2006, 『심리학 콘서트』, 스타북스, pp.324~325 참고.

2 샘 소머스, 2012, 『무엇이 우리의 선택을 좌우하는가』, 청림출판, pp.126~127 참고.

3 인간의 성격 유형 검사로 유명한 MBTI라는 것이 있다. 이는 Myers-Briggs Type Indicator의 머리글자만 딴 것으로, C.G.Jung의 성격유형이론을 근거로 Catharine C.Briggs와 그의 딸 Isabel Briggs Myers, 손자인 Peter Myers에 이르기까지 3대에 걸쳐 70여 년 동안 계속적으로 연구 개발한 인간 이해를 위한 성격유형검사이다. MBTI 검사지는 모두 95문항으로 구성되어 있으며, 4가지 척도의 관점에서 인간을 이해하려고 하는데, '외향 : 내향, 감각 : 직관, 사고 : 감정, 판단 : 인식'(각각에 대응하는 약호는 E : I, S : N, T : F, J : P) 중 각 개인이 선호하는 네 가지 지표를 알파벳으로 표시하여 그 결과를 도출한다. 참고로, 이들의 조합으로 구성되는 성격 유형은 총 16가지 유형으로 나타난다.

ISTJ	ISTP	ISFJ	ISFP
소금	백과사전	임금 뒷편의 권력	성인군자
INTJ	INTP	INFJ	INFP
과학자	아이디어뱅크	예언자	잔다르크
ESTJ	ESTP	ESFJ	ESFP
사업가	활동가	친선도모	사교
ENTJ	ENTP	ENFJ	ENFP
지도자	발명가	언변능숙	스파크

4 태도에 대한 논의는 제6장 설득의 효과에서 좀 더 자세히 논의하기로 한다.

제4장 설득과 메시지

이 장에서는 설득의 메시지와 관련하여 설득의 효과에 영향을 미치는 메시지의 변인과 관련한 문제들을 중심으로 살펴볼 것이다.

메시지를 전달하는 방법은 크게 언어적인 방법과 언어 외적인 방법으로 나누어 살펴볼 수 있다. 인간은 상대방에게 전달하고자 하는 생각을 말이나 글로써 표현한다. 그러나 우리는 말이나 글로써 표현하지 않고도 얼마든지 의사를 전달할 수 있다. 눈빛만 봐도 안다는 말이 있다. 사랑하는 사이나 오랜 친구 사이에서는 굳이 말로 통하지 않아도 얼굴 표정이나 눈빛만으로도 서로 통할 수 있고, 때로는 침묵 자체가 어떤 메시지로 기능하기도 한다. 당신이 누군가에게 말을 걸었는데, 그 사람이 침묵하고 있다면, 침묵이 무엇을 의미하는지 생각하게 될 것이다. 또 목소리 크기나 말투가 메시지로서 기능하기도 한다. 얼마나 많은 싸움들이 사소한 말투 때문에 빚어질 수 있는가를 생각하면, 이들이 메시지로서 기능한다는 것을 쉽게 생각할 수 있을 것이다. 이처럼 인간이 메시지를 전달하는 방법은 말과 글 이외에도 매우 다양한 방법들이 있다. 말과 글은 언어이지만, 얼굴 표정, 눈빛, 침묵은 언어가 아니다. 말투나 목소리 크기 등은 언어에 실려 표현되기는 하지만, 이들을 언어라고 하기는 어렵다. 말과 글을 제외한 나머지 것들은 메타메시지라고 불리는 것들인데, 이 책에서는 언어적 메시지와 메타메시지를 따로 나누어 살필 것이다. 제4장에서는 언어적 메시지를 다루고, 제5장에서는 메타메시지를 다루기로 한다.

설득의 효과에 관여하는 언어적 메시지의 측면은 메시지 내용, 메시지 형식, 소구 방식의 세 측면에서 살펴볼 수 있으며, 메시지 형식은 다시 메시지의 기호화와 메시지 내용의 조직 문제로 나누어 살펴볼 수 있다.

1. 메시지 내용

메시지의 내용은 수용자에게 전달하는 주장이나 주장을 뒷받침하기 위한 자료들을 말한다. 생산자의 주장은 명제로 이루어지는데, 명제는 어떤 사실이나 의견 또는 주장을 담은 완결된 판단 문장으로서, 내용에 따라 사실 명제, 가치 명제, 정책 명제로 구분된다. 보충 자료는 사실적 정보나 지식 자료, 또는 다른 사람 특히 전문가의 의견이나 견해 등으로 이루어진다. 이들 메시지의 내용이 반드시 갖추어야할 원리는 타당성, 객관성, 일관성이다.

● 주장과 명제

〈사실 명제〉

어떤 사람이든지 옳다고 생각하는 내용을 드러내는 판단 문장으로, 옳고 그름의 판단이 가능한 명제를 말한다.

예) 지구는 태양의 주위를 공전한다.

<가치 명제>

개인의 주관적인 태도나 가치관에 따른 판단 문장을 말한다. 일반적
으로 이러한 주장에 동조하는 경우 사람들은 '맞다'라는 표현을 사용
하는데, 엄밀한 의미에서 '맞다'라고 표현하는 것은 잘못된 것이다.
이들은 '맞다/틀리다'로 판단할 수 있는 문제가 아니기 때문이다.

　　예) 안젤리나 졸리는 섹시한 여전사이다.

　　　자본주의 체제는 사회주의 체제보다 우월하다.

<정책 명제>

어떤 정책의 시행을 요구하거나 건의하는 형태의 명제로서 주로 바람
직한 방향으로 유도를 하기 위한 의도를 가진 판단 문장이다.

　　예) 생명윤리법의 적용 기준을 더욱 엄격히 해야 한다.

1) 타당성

설득에 있어서 타당성 있는 논증은 설득의 중요한 요소가 된다. 타당
성이란 철학 또는 논리학상의 용어로서, 추론 절차의 올바름을 뜻한다.
이 때, 추론을 구성하는 명제들의 진위(眞僞)는 문제가 되지 않는다. 전
제가 참이면 결론이 거짓일 수 없다는 논의의 성질 때문이다. 예를 들
어, '한국의 모든 대학들은 부산에 있다. 그리고 서울대는 한국의 대학
이다. 그러므로 서울대도 부산에 있다.'는 논의는 그 전제와 결론이 실
제로 거짓이지만 타당한 추론이 되는 것이다.

일반적인 추론의 방법은 연역 추론, 귀납 추론, 유비 추론의 세 가지
이다.

연역 추론(deductive inference)은, 먼저 제시되는 대전제와 다음에 제시
되는 소전제에서 새로운 결론을 이끌어 내는 추론으로서 형식적 타당
성에 기초하고 있다. 가장 대표적인 연역 추론은 삼단 논법이다.

● 연역 추론

〈추론 A〉
　－비가 오면 차가 막힌다. (대전제)
　－오늘은 비가 내린다. (소전제)
　－따라서 오늘은 차가 막힌다. (결론)

〈추론 B〉
　－비가 오면 차가 막힌다. (대전제)
　－오늘은 차가 막힌다. (소전제)
　－따라서 오늘은 비가 온다. (결론)

연역 추론에서 주의할 점은, 추론의 절차를 반드시 지켜야 한다는 것이다. 위에서 〈추론 A〉의 결과는 타당하지만, 〈추론 B〉의 결과는 타당하지 않다. 추론의 절차를 제대로 지키지 못했기 때문이다.[1]

귀납 추론(inductive inference)은, 개개의 특수 사실로부터 보편적인 법칙을 찾아내는 추론 방법이다. 즉, 사물들과 사건들이 가진 일반성, 보편성, 항상성, 규칙성 등을 이끌어내는 추론의 방법이다. 예를 들어, 어떤 회사의 우유를 마시고 배탈이 났다면, 다음에 그 우유를 마실 기회가 생기더라도 우유를 마시는 것을 꺼리게 되며, 더불어 그 회사 전체에 대한 불신이 쌓이게 되는 것은 일종의 귀납 추론의 결과이다. 이처럼 귀납 추론은 우리의 일상에서 생활화되어 있는데, 특수한 사실을 관찰하면서도 그 안에 존재하는 불변의 요소들을 꿰뚫어 볼 수 있어야 좋은 귀납 추론이 가능하다.

유비 추론(analogical inference)이란, 이미 알고 있는 것으로부터 다른 것과의 유사점을 찾아내는 추론의 방법이다. '유비 추론'은 일반적으로 '유추'라는 말로 더 많이 사용되는 것으로, 유추를 하기 위해서는 비교의 기준이 되는 사물이나 현상이 있어야 하며, 이미 알고 있는 사례와 이제 알고자 하는 사례가 매우 유사하다는 확신과 증거가 있어야 한다. 그렇지 않은 상태에서 유추에 의해 결론을 내리게 되면, 그 결론은 개연성이 없고, 잘못된 결론이 되기 쉽다.

● 자료1 : '한국 투자 증권' TV CF

한국투자증권 2005.09.01.

여(통역) : 한국 사람들은 눈이 작습니다. 그래서 반도체 부분에서 최강국입니다. 바로 이점입니다. 한국인들은 매우 섬세합니다. 한국 금융산업에서 1위가 되는 것은 시간문제입니다.
자막 : 이런 날이 벌써 올 줄이야…. 믿을 수 없어….
NA : 한국 사람의 힘, 한국 증권이 보여드립니다.

[자료1]은 '한국 투자 증권'의 TV CF이다. 외국 금융 회사의 회의 상황을 보여주되, 이를 마치 동시통역 방송을 보여주듯이 표현한 광고이다. '여(통역)'이라고 표시한 부분은 동시통역으로 가정된 부분의 내용을 나타낸 것이고, '자막'이라고 표시한 부분은, 외국인 모델들이 당황스러운 표정으로 웅성거리는 모습 위에 자막의 형태로 제시되는 부분을 나타낸 것이며, 'NA'는 내레이터에 의해 표현되는 부분을 나타낸 것이다. 여기서 문제가 되는 것은 밑줄 친 부분인데, 광고라는 상황을 감안하더라도, 추론의 타당성이 결여되어 있기 때문에, 수용자들에게 긍정적 효과를 이끌어 내기 어려울 것으로 생각된다.

2) 객관성

사전에서는 객관성을 '주관의 작용이나 영향을 받지 않는 보편타당성'이라고 정의하고 있는데, 여기서 보편타당성이라는 것은 일반적으로 사람들이 옳다고 생각하는 것을 말한다. 예를 들어서 "소금은 짜다."라는 말은 모든 사람들이 그렇다고 인정하기 때문에 객관성을 지닌다. 그러나 "소금은 쓰다."라는 말은, 모든 사람들이 인정하기 어려운 것이기 때문에 객관성을 지니지 못한다.

자신의 주장을 제기함에 있어서 다른 사람들이 모두가 인정할 수 있는 객관적인 내용으로 구성하는 것은 설득에 있어서 중요한 문제가 된다.

운동은 새벽이나 아침에 하는 것보다 저녁이나 밤에 하는 것이 효과적이다. 특히 다이어트를 위한 운동을 계획하고 있는 사람이라면 새벽이나 아침 운동은 절대적으로 피해야 한다.

다이어트를 계획하고 있는 사람들은 대부분 학생이나 직장인이다. 이들에게 아침 시간 5분은 낮 시간의 1시간과도 맞먹을 수 있는 귀중한 시간이 된다. 아침의 5분간의 늦잠이 얼마나 달콤한가에 대해 말하는 사람들을 주변에서 흔히 찾아볼 수 있다는 점은 이러한 논의의 근거가 될 수 있을 것이다.

학생이나 직장인들이 이렇게 귀중한 아침 시간을 쪼개어 운동을 하게 되면, 아침에 여유를 두고 일어난다고 하더라도 아침 시간은 더욱 부족해질 수밖에 없으며, 따라서 운동을 하고 난 뒤 아침 식사를 할 여유가 없게 되기 마련이다. 게다가 다이어트 중이라는 생각이 아침 식사를 거르는 것을 오히려 다행이라고 생각하도록 이끈다. 이렇게 아침 식사를 거르고 점심시간이 되면, 그들은 너무 허기를 느끼게 될 것이고, 그래서 점심 식사는 대체로 폭식을 하게 되는데 이 때 우리 몸은 언제 또 음식이 들어올지 모른다는 자기 방어 기제가 발동하여 체내에 들어온 음식물을 지방의 형태로 저장하게 되는 것이다. 이렇게 되면 건강을 위해 시작한 운동이 오히려 건강의 적신호가 될 수밖에 없다.

따라서 우리의 몸을 건강하게 지키기 위해서는 운동을 시간적 여유가 비교적 많은 방과 후나 퇴근 후의 저녁 시간에 하는 것이 좋다.

[자료2]는 객관성 확보의 중요성을 알리기 위해 의도적으로 작성한 논술문이다. 이 자료의 주제는 '건강을 위해서는 저녁이나 밤 운동을

해야 한다.'가 될 수 있을 것이며, 이러한 주장을 뒷받침하기 위하여 새벽이나 아침 운동의 부적절성을 지적하고 있다. 그런데 이 논술문은 수용자들에게 쉽게 받아들여지지는 않을 것이다. 제시된 논거들이 객관성을 전혀 확보하지 못하고 있기 때문이다.

3) 일관성

설득에 있어서 논점을 일관되게 유지하는 것이 중요하다. 제시되는 주장은 일관성을 지녀야 한다.

● 자료3 : 일관성을 결여한 설득 커뮤니케이션

건강을 위해서는 술을 마시지 말아야 한다. 알코올이 우리 몸에 끼치는 폐해는 셀 수 없이 많다. 술을 마시면 중추 및 말초 신경이 흥분되고 위산 분비가 촉진된다. 또 도파민(dopamine)이라는 신경전달물질이 분비되어 기분이 좋아지게 된다. 그러나 술을 과음하거나 장기간 남용하면 술이 불행하게도 뇌세포 파괴를 촉진시켜 뇌의 기능을 억제한다. 또한 임신 초기 및 임산부의 음주는 더욱 위험한데, 이는 태아에게 치명적인 영향을 미치기 때문이다. 간에서 알코올을 분해하는 중에 생기는 아세트알데히드라는 물질이 뇌의 발달과 중추신경계에 나쁜 영향을 끼쳐 기형아나 행동 장애를 가진 아이를 출산하게 될 확률이 매우 높아진다. 비만인 사람이 알코올을 섭취하면 질병에 걸릴 확률도 높아질 뿐만 아니라, 알코올은 체내의 칼슘을 소변으로 배출하기 때문에, 결과적으로 골다공증에 걸릴 확률도 높아진다고 한다.

그런데 특히 우리나라 사람들은 퇴근길의 한 잔의 소주로 스트레스를 달래곤 한다. 스트레스가 건강에 얼마나 위해한가 하는 것은 굳이 말할 필요가 없을 것이다. 알코올이 몸에 끼치는 해악보다도 스트레스가 정신에 끼치는 해악이 보다 클 것이다. 그러므로 스트레스 해소를 위해서는 어느 정도의 술은 마셔도 된다.

[자료3]은 일관성의 중요성을 알리기 위해 의도적으로 작성한 논술문이다. '술을 마시지 말아야 한다.'라는 주장과 '술을 마셔도 괜찮다.'는 두 가지 상반된 주장이 들어 있는 글로서, 일관된 태도를 지니고 있지 못하다. 이러한 논술문이 독자의 공감을 얻기 어려운 것은 자명하다.

2. 메시지 기호화

전달하고자하는 메시지의 내용이 아무리 좋다 하더라도 그 내용을 기호화하는 과정이 제대로 이루어지지 않으면 기대한 효과를 제대로 얻기 어려울 것이다. 예를 들어, 동일 대상의 광고라 하더라도 시각적 요소만으로 구성한 경우와 언어적 요소만으로 구성된 경우 그 효과에 차이를 가져올 수 있다. 따라서 메시지의 형식을 갖추는 문제도 설득에 있어서 중요한 문제가 된다. 메시지 기호화에서 지켜야할 원칙은 평이성, 명료성을 지키는 것이며, 다양한 수사법을 사용하여 메시지를 보다 효과적으로 전달할 방안을 고민해야한다.

1) 평이성

메시지는 쉽게 이해될 수 있도록 표현되어야 한다. 아무리 열심히 말해도 듣는 사람에게 제대로 전달되지 않으면 아무 소용이 없다. 귀로 듣다가 순간적으로 이해할 수 없는 단어가 나오면 듣는 사람의 사고는 멈춰버리게 된다. 그러므로 남들이 이해하기 쉬운 단어를 사용해야 한다. 외국어 사용도 자제해야한다. 은어, 속어, 비어 등의 사용도 자제하도록 한다. 적법한 표현을 사용하도록 한다. 문장은 너무 짧지도 길지도 않게 한다. 적절한 접속어를 사용하도록 한다. '에, 음' 등의 군더더기 말을 사용하지 않도록 한다.

● 자료4 : '경동 나비엔' TV CF

경동 나비엔 2011.09.01.

자막 : 미국 미국/ 보일러 미국/ 보일러 3D영화
NA : 미국에 보일러를 수출하는 일은 미국에 3D영화를 수출하는 일만큼 놀라운 일
NA : 경동 나비엔이 넘다 그들의 까다로운 눈높이를. 콘덴싱 기술의 차이가 만든 압도적 수출 1위
자막 : 73% 콘덴싱 기술의 차이가 만든 압도적 수출1위
NA : 국가대표 보일러

[자료4]는 '경동나비엔'의 TV CF이다. 광고에서는 '미국에 보일러를 수출하는 일은 미국에 3D를 수출하는 일만큼 놀라운 일이며, 이 대단한 일을 경동보일러가 해냈다.'는 메시지를 전달하고 있다. 생산자가 전달하고자 하는 핵심 메시지는 경동보일러의 우수성일 것이다. 그러나 '미국에 보일러를 수출하는 일이 왜 놀라운 일인지'에 대한 의문이 수용자의 발목을 잡는다. 논리적으로 이해되지 않는 표현 때문에 생산자가 전달하고자 하는 핵심 메시지에 집중하지 못하게 되는 것이다. 미국이 영화 산업의 메카라는 것은 누구나 인정하는 사실이다. 전 세계의 영화의 주도권을 할리우드가 잡고 있을 뿐만 아니라, 영화 <아바타>의 대성공으로 미국이 3D 영화의 강국임을 입증했다. 그러므로 만약 미국에 3D영화를 수출하고자 한다면, 그것은 상당히 어려운 일이 될 것이

고, 이는 아마도 대부분의 사람들이 이의 없이 받아들이게 될 것이다. 그러나 사람들에게 미국이 보일러의 강국인지 아닌지는 잘 알려진 사실도 아니고, 별로 그럴 것 같은 생각이 들지도 않는다. (더운 나라일수록 냉방 기기가 발달될 것이고, 추운 나라일수록 난방기구가 발달할 것이라고 생각하는 것이 일반적인 사고의 과정이기 때문이다.) 따라서 미국에 보일러를 수출하는 일이 왜 3D 영화 수출하는 일처럼 놀라운 일이 되는지에 대해 논리적으로 납득이 되지 않는 것이다. 생산자는 보일러 수출의 어려움을 쉽게 이해시키기 위해 3D 영화 수출에 비유했지만, 그것이 오히려 수용자들이 이해하기 어려운 정보가 되어 버린 것이다.

2) 명료성

언어적 표현은 기본적으로 중의성(ambiguity)을 지닌다. 따라서 커뮤니케이션에 있어서 메시지를 전달할 때는 전달하고자 하는 뜻이 정확하게 전달될 수 있도록 명확성을 지니도록 표현해야 한다.

중의성이란, 하나의 표현이 둘 이상의 의미로 해석될 수 있는 것으로서, 언어 표현의 중의성은 어휘적 중의성, 구조적 중의성, 비유적 중의성의 세 가지 차원에서 살필 수 있다. 첫째, 어휘적 중의성이란, 한 단어의 뜻이 두 개 이상으로 해석되어 뜻이 명확하지 않고 모호한 것을 말한다. 어휘적 중의성을 유발하는 단어들은 대체로 동음이의어나 다의어이다. 둘째, 구조적 중의성이란, 문장의 구조상 발생하는 중의성을 말한다. 대체로 한정어의 범위가 명확하지 않거나 연결어의 범위가 명확하기 않은 데서 발생한다. 셋째, 비유적 중의성이란, 비유에 사용된 보조관념의 속성이 다양하기 때문에 두 가지 이상의 의미로 해석되는 경우를 말한다. 이들 중의성은 적절한 문맥이나 상황을 통해 해소될 수 있다.

- 중의성

〈어휘적 중의성〉

- 배를 사다. (船|梨)

- 따뜻한 밤 (栗|夜)

- 다리가 길다 (橋|脚)

〈구조적 중의성〉

- 나는 철수와 영희를 만났다.

① (주체) 나,　　(객체) 철수, 영희

② (주체) 나, 철수, (개체) 영희

- 나는 민수보다 영화를 더 좋아한다.

① 좋아하는 대상과 그 정도의 차

　→ (대상) 민수, 영화,　(정도 차) 민수 < 영화

② 좋아하는 주체와 그 정도의 차

　→ (주체) 나, 민수,　　(정도 차) 나 > 민수

〈비유적 중의성〉

- 선생님은 호랑이다.

① 선생님은 호랑이처럼 무섭다.

② 선생님은 호랑이처럼 생겼다.

③ 선생님은 호랑이띠다.

- 자료5 : '사랑해요 코리아' TV CF

사랑해요 코리아 2011.09.10.

NA : 우리말을 잘 못 할 것이다. 잘 할 것이다. 친구를 잘 못 사귈 것이다. 잘 사귈 것이다. 수업을 잘 못 따라갈 것이다. 잘 따라갈 것이다. 우리음식을 잘 못 먹을 것이다. 잘 먹을 것이다.

편견의 못을 빼면 더 큰 대한민국이 열립니다.

NA : 다문화 가정 자녀들과 함께 크는 나라. 사랑해요. 코리아.

이 캠페인은 LG와 함께 합니다.

[자료5]는 다문화 가정에 대한 편견을 극복하기를 바라는 캠페인인데, '못'이라는 표현이 갖는 중의성을 이용하여 메시지를 매우 참신하게 표현하고 있다. 캡처된 그림을 보면 '우리말을 잘 못 할 것이다.'의 '못'이 목재 따위의 접합이나 고정에 쓰는 '못'(사물)으로 표현되어 있다. 광고에서는 '못'이라는 글자 위에 박힌 '못'(사물)을 빼내면 메시지가 부정에서 긍정의 메시지로 바뀌는 모습을 시각화하여 계속 보여주다가, 마지막에 '편견의 못을 빼면'이라는 발화를 덧붙인다. 이 때 수용자들은 '아, 그래서 못이라는 글자 위에 진짜 못을 박아 놨구나.'하면서 절묘한 언어 사용과 메시지 표현에 감탄하게 되는 것이다.

3) 수사법

적절한 수사법을 구사하는 것도 설득에 있어서 중요한 요소가 된다. 무미건조한 표현보다는 적절한 수사법을 이용하면 보다 흥미롭고, 역동적인 커뮤니케이션이 될 수 있는 것이다.

수사법은 크게 비유법, 강조법, 변화법으로 나누어 살펴 볼 수가 있다. 첫째, 비유법은 말하고자 하는 개념(원관념)을 다른 사물(보조관념)에 빗대어서 표현하는 방법이다. 여기에는 은유법, 직유법, 의인법, 의성법, 의태법, 풍유법, 대유법, 중의법, 상징법 등이 해당한다. 둘째, 강조법은 힘을 주어 강조함으로써 짙은 인상을 주는 방법이다. 여기에는 과장법, 반복법, 열거법, 점층법, 비교법, 대조법, 미화법, 연쇄법, 영탄법 등이 해당한다. 셋째, 변화법은 표현 방법을 바꿈으로써 단조로움을 피하고 수용자의 주의를 환기시키는 방법이다. 여기에는 도치법, 대구법, 설의법, 인용법, 역설법, 생략법, 문답법, 돈호법 등이 해당한다. 이외에도 다양한 수사법들이 있을 수 있으나, 이들을 모두 살피는 어려울 것으로 생각되며, 위에 언급한 각각의 수사법에 대한 설명 또한 간단히 예를 제시하는 것으로 대신하기로 한다.

● 수사법(※ 제시문의 ' / ' 표시는 시의 행 구분 표시임)

〈비유법〉
　　－은유법 : 내 마음은 호수요,/ 그대 노 저어 오오. (김동명, '내 마음은')
　　－직유법 : 향료를 뿌린 듯 곱다란 노을 위에 (김광균, '데생')
　　－의인법 : 풀이 눕는다. (김수영, '풀')
　　－의성법 : 물레나 바퀴는/ 실실이 시르렁/ 어제도 오늘도 흥겨이 돌아
　　　　　　　도 (김억, '물레')
　　－의태법 : 열두 폭 기인 치마가 사르르 물결을 친다. (조지훈, '고풍 의
　　　　　　　상')
　　－풍유법 : 빈 수레가 요란하다는 말이 있듯이, 학문의 깊이가 얕고 가
　　　　　　　벼운 사람이 그렇지 않은 사람보다 아는 체를 하는 경향이
　　　　　　　있다.
　　－대유법 : 지금은 남의 땅— 빼앗긴 들에도 봄은 오는가? (이상화, '빼
　　　　　　　앗긴 들에도 봄은 오는가')
　　－중의법 : 청산리 벽계수(碧溪水)야 수이 감을 자랑 마라. 일도(一到) 창
　　　　　　　해(滄海)하면 돌아오기 어려우니. 명월(明月)이 만공산(滿空山)
　　　　　　　하니 쉬어간들 어떠리 (황진이)
　　－상징법 : 해야 솟아라 (박두진, '해')

〈강조법〉
　　－과장법 : 삼백 예순 날 하냥 섭섭해 우옵내다. (김영랑, '모란이 피기까
　　　　　　　지는')
　　－반복법 : 산에는 꽃 피네,/ 꽃이 피네./ 갈 봄 여름 없이/ 꽃이 피네//
　　　　　　　(김소월, '산유화')
　　－열거법 : 어머님, 나는 별 하나에 아름다운 말 한마디씩 불러봅니다.
　　　　　　　소학교 때 책상을 같이 썼던 아이들의 이름과, 패, 경, 옥, 이
　　　　　　　런 이국 소녀들의 이름과… (윤동주, '별헤는 밤')
　　－점층법 : 님은 갔습니다. 아아, 사랑하는 나의 님은 갔습니다. (한용운,
　　　　　　　'님의 침묵')

- 비교법 : 너의 넋은 수녀보다도 더욱 외롭구나! (김동명, '파초')
- 대조법 : 하늘 밑 푸른 바다가 가슴을 열고/ 흰 돛단배가 곱게 밀려서
  오면 (이육사, '청포도')
- 미화법 : 그 석류 속 같은 입술,/ 죽음을 입 맞추었네 (변영로, '논개')
- 연쇄법 : 닭아, 닭아 우지마라. 네가 울면 날이 새고, 날이 새면 나 죽
  는다. ('심청전')
- 영탄법 : 얼굴을 가리운 나의 신부여. (김춘수, '꽃을 위한 서시')

〈변화법〉
- 도치법 : 그렇게 가오리다/ 임께서 부르시면……. (신석정, '임께서 부
  르시면')
- 대구법 : 봄은/ 가까운 땅에서/ 숨결과 같이 일더니// 가을은/ 머나먼
  하늘에서/ 차가운 물결과 같이 밀려온다. (김현승, '가을')
- 설의법 : 가난하다고 해서 그리움을 모르겠는가. (신경림, '가난한 사
  랑노래')
- 인용법 : "하루라도 책을 읽지 않으면 입 안에 가시가 돋는다."는 안
  중근 선생의 말처럼 독서를 생활화해야겠다.
- 역설법 : 괴로웠던 사나이,/행복한 예수 그리스도에게/ 처럼/ 십자가가
  허락된다면 (윤동주, '십자가')
- 생략법 : 오— 흐름 위에/ 보금자리 친/ 나의 혼(魂)……. (오상순, '방랑
  의 마음')
- 문답법 : 지금은 남의 땅 — 빼앗긴 들에도 봄은 오는가?// (중간 생략)
  // 그러나 지금은— 들을 빼앗겨 봄조차 빼앗기겠네. (이상화,
  '빼앗긴 들에도 봄은 오는가')
- 돈호법 : 향단아, 그넷줄을 밀어라. (서정주, '추천사')

　광고에서도 역시 다양한 수사법이 많이 사용되는데, [자료6]은 의인
법을 사용한 광고의 예를 보인 것이다. 그런데 [자료6]은 단순히 의인
법을 사용하고 있는 예로서가 아니라, 메시지 구성의 차원에서도 주목
할 만하다. 수용자들은 '나=초코파이'라는 것을 광고의 끝에 가서야 알

수 있는데, '나'가 누구인지 끝까지 감춤으로써 수용자들을 광고에 몰입하게 한다는 점에서 훌륭하다. 게다가 비장함마저 감도는 분위기에서 그토록 궁금했던 주인공, 영하 40도의 추위도, 높은 낭떠러지도, 열대의 태양도 두려워하지 않는 이 용감한 주인공이 다름 아닌 '초코파이'라는 점에서 사람들의 허를 찌름으로서 웃음을 유발하기도 한다.

● 자료6 : '오리온 초코파이' TV CF

초코파이 2011.07.16.

남 : 나는 영하40도의 추위가 두렵지 않습니다.
자막 : 러시아
남 : 나는 높은 낭떠러지가 두렵지 않습니다.
자막 : 중국
남 : 나는 열대의 태양이 두렵지 않습니다.
자막 : 사우디아라비아
남 : 내가 유일하게 두려운 것은 나를 기다리는 사람에게 가지 못하는 일입니다.
자막 : 단 한 사람이라도 더 행복할 수 있다면 더 험한 실도 두렵지 않은
남 : 나는 초코파이입니다.
　　　지구와 정을 맺다. 오리온.
자막 : 파이로드를 따라 지구와 情을 맺다. ORION

3. 메시지 내용 조직

설득의 효과에 영향을 주는 언어적 메시지의 차원에서 살펴볼 세 번째 부분은 메시지 내용의 조직에 관련된 문제이다. 이는 구체적으로 메시지 제시 순서, 메시지 반복, 명시적/암시적 메시지, 일면적/양면적 메

시지, 메시지 출처와 관련된다. 이들 각각에 대해서 보다 구체적으로
살펴보도록 하자.

1) 메시지 제시 순서

메시지 제시 순서란, 메시지를 제시할 때 누가 먼저, 또는 어떤 메시
지부터 제시할 것인가 하는 것으로, 메시지 제시 순서에 따라 설득의
효과는 달라질 수 있다. 예를 들어 대통령 선거 유세에서 합동 연설을
하는 경우 누가 먼저 연설하는 것이 더 효과적인가하는 문제에 적용될
수 있으며, 이 때 메시지 제시 간격도 함께 고려될 수 있다. 밀러
(N.Miller)와 켐벨(D.T.Campbell)은 메시지 제시와 간격에 따른 태도 변화를
측정[2]하였는데, 그 결과를 간단히 표로 정리하면 다음과 같다.

● 메시지 제시 순서와 제시 간격에 따른 태도 변화

	1→2	2→태도측정	실험 결과
실험A	한참 후	즉시	2 설득력 우세
실험B	즉시	한참 후	1 설득력우세
실험C	즉시	즉시	1,2 설득력 비슷
실험D	한참 후	한참 후	1,2 설득력 비슷

위의 표에서 '1→2' 열의 내용은 첫 번째 메시지가 제시되고 난 뒤
두 번째 메시지가 제시되기까지 걸린 시간을 의미한다. '2→태도측정'
열에 제시된 내용은 두 번째 메시지가 제시되고 난 뒤 태도 측정이 이
루어지기까지 걸린 시간이다. '실험 결과' 열의 내용은 첫 번째와 두 번
째 메시지 중 어느 메시지가 더 설득력 있는 것으로 나타났는가하는
결과를 보인 것이다. 예를 들어, '실험A'의 경우, '1→2' 값은 '한참 후',

'2→태도측정' 값은 '즉시', '실험결과' 값은 '2 설득력 우세'로 되어 있는데, 이는 첫 번째 메시지를 제시하고 나서 한참 뒤에 두 번째 메시지를 제시한 뒤 곧바로 태도 측정이 이루어졌을 경우, 두 번째 제시된 메시지가 설득력이 훨씬 우세한 것으로 나타났다는 것을 의미한다.

퍼로프(Perloff, 1993)에 따르면, 메시지 내용을 배열하는 방법은 핵심적인 내용을 전체의 어디에 배치하느냐에 따라, 역클라이맥스 형, 클라이맥스 형, 피라미드 형의 세 가지로 나누어 볼 수 있다. 역클라이맥스 형은 가장 핵심적인 내용을 메시지 처음 부분에 제시하는 것이고, 클라이맥스 형은 가장 핵심적인 내용을 메시지 마지막 부분에 제시하는 것이며, 피라미드 형은 메시지의 가장 중요한 부분을 중간에 배치하는 것이다. 호블랜드 외(Hovland, Janis & Kelly, 1953)에 따르면, 수용자의 메시지에 대한 흥미에 따라, 수용자의 흥미가 높을 때는 클라이맥스 형이, 흥미가 낮을 때는 역클라이맥스 형이 효과적이라고 한다. 또 운나바(Unnava, 1994)에 따르면, 시각적 메시지의 경우에는 클라이맥스 형이, 청각적 메시지의 경우에는 역클라이맥스 형이 효과적이라고 한다.[3]

한편, 메시지 제시 순서가 설득에 영향을 미치는 것은 인간에게는 '초두 효과'와 '최신 효과'라는 심리학적 특성이 있기 때문이다.[4]

초두 효과(Primacy effect)란, 대부분의 경우 먼저 제시된 정보가 나중에 들어온 정보보다 전반전인 인상에 더욱 강력한 영향을 끼치는 것을 말한다. 즉, 처음의 인상이 기억에 오래 남는 것을 말한다. 로스노와 로빈슨(Rosnow & Robinson, 1967)에 따르면, 설득의 주제가 수용자에게 흥미롭거나 익숙한 것일 때, 주제가 상대적으로 덜 중요한 것일 때, 설득의 내용에 논란의 여지가 있을 때 초두 효과가 더 많이 나타난다고 한다.

최신 효과(Recency effect)란, 시간적으로 나중에 제시된 정보가 잘 기억되고 따라서 인상 형성에도 큰 영향을 미치는 것을 말한다. 이는 대체로 초기 정보가 너무 일찍 제시되어 망각되거나, 최근의 정보가 아주 현저할 때 나타나는 현상이다. 로스노와 로빈슨(Rosnow & Robinson, 1967)에 따르면, 메시지 주제가 수용자들에게 매우 중요하지만, 상대적으로 덜 익숙할 때 최신 효과가 나타난다고 한다.

메시지 제시 순서에 따른 설득의 효과에 대한 논의는 학자에 따라 그 견해에 차이가 있으며, 기존의 연구 결과들에 따르면 메시지 제시 순서에 따른 효과도 메시지에 대한 수용자의 주목도, 논제에 대한 수용자의 친숙도, 메시지 제시 사이의 간격 등에 따라 달라진다고 한다. 이처럼 메시지 제시 순서에 따른 많은 연구들이 있었지만, 이들 배열에 따른 효과의 차이를 일관되게 정의할 수 없는 것은 설득에 관여하는 변인들이 매우 다양하고 복잡하게 얽혀 있기 때문이다. 그러나 대체적으로 메시지 제시 순서의 영향력은 설득에 영향을 미치는 다른 변인들보다 크지 않다는 데 의견의 일치를 보이고 있다.

2) 메시지 반복

메시지를 얼마나 반복적으로 제시하는가도 설득에 영향을 미친다. 메시지 반복에 대한 연구에 따르면 일반적으로 반복 정도가 적을 때는 효과가 적지만, 어느 정도 반복이 이루어지면 효과는 계속 증가한다. 반복과 설득력은 정비례하는 것이 아니어서 반복이 증가함에 따라 어느 정도 설득 효과가 증가하다가 어느 정도 반복이 계속되게 되면, 반복이 계속 증가하더라도 설득 효과는 오히려 줄게 된다.

메시지 반복과 설득의 문제에 있어서 가장 민감하게 반응하는 분야는 설득 커뮤니케이션의 대표적 분야라고 할 수 있는 광고이다. 수용자(소비자)에게 얼마나 자주 노출해야 설득할 수 있는가 하는 것이 중요한 문제로 작용하기 때문이다. 크루그만(Krugman, 1975)은 광고의 반복은 세 번까지가 가장 효과적이라고 주장하면서 실제로 어린이를 겨냥한 상업 광고에서 어떤 슬로건이나 이름을 매 30초마다 3~4번 반복하고 있음을 지적했다. 윤재연(2005)[5]에서는 TV 광고 100편을 대상으로 하여 브랜드 노출 빈도를 조사하였는데, 그 결과 시각적으로 보충된 경우를 제외한 음성적 브랜드 노출에 있어서 브랜드가 1회 노출된 광고가 40편(40%), 2회 노출된 광고가 41편(41%)으로 전체 광고에서 상당히 많은 양을 차지하고 있음이 드러났다. 이는 수용자에게 브랜드를 각인시키기 위해서 반복적인 노출이 상당히 많이 이루어질 것이라는 일반적인 예상과는 다른 결과이다.

메시지 반복과 설득의 효과에 대하여 소이어(Sawyer, 1981)에서는, 사람들이 어떤 메시지 또는 자극을 단순히 반복적으로 접하게 되면, 점차 호감을 가지게 된다고 하였고, 자용(Zajonc, 1968)의 연구에 따르면, 수용자들은 자극의 노출이 반복될수록 자극에 대한 호감이 증가하나, 반복 횟수가 3회 이상 되면, 호의적 태도의 정도가 낮아지는 것으로 드러났다. 밀러(Miller, 1976)는 지나친 노출은 오히려 역효과를 가져올 수 있음을 지적하였다.[6]

이렇듯 메시지 반복에 따른 효과에 대한 연구 결과도 다른 변인들의 경우에서와 마찬가지로 정확히 몇 번을 반복해야 하는가에 대한 일치된 대답을 찾기는 어렵다. 다만, 무조건 많이 노출한다고 해서 설득의 효과가 높은 것은 아니라는 것을 유의해야할 것이다.

3) 명시적/암시적 제시

메시지 내용 즉 생산자가 나타내고자 하는 주장을 명시적으로 나타내느냐 암시적으로 나타내느냐 하는 것도 설득에 영향을 준다. 주장을 명시적으로 드러내는 것은 수용자가 메시지를 이해하고 메시지 안에 포함된 논쟁을 기억하는 데 효과적이다. 그러나 수용자가 스스로 결론을 내리고 싶어 하는 경우도 있을 수 있는데, 이때는 주장을 암시적으로 드러냄으로써 수용자가 스스로 결론에 이르도록 하는 것이 효과적이다.

주장의 제시 방법에 따른 효과에 대한 논의도 학자에 따라 다양하게 주장되어 왔는데, 그들 연구 결과를 종합하여 제시하면 다음과 같다.[7]

첫째, 수용자의 지능에 따라, 지능이 낮은 수용자에게는 명시적 제시 방법이 더욱 효과적이나, 지능이 높은 수용자에게는 명시적인 제시 방법과 암시적인 제시 방법 간에 설득의 효과에 차이가 없다.

둘째, 생산자가 명시적 결론을 제시하는 것에 대하여, 생산자의 이기적인 목적이 있다고 판단되는 경우, 생산자가 수용자들을 과소평가하고 있다고 느끼는 경우에 해당할 때에는 암시적으로 결론을 제시하는 것이 보다 효과적이다.

셋째, 메시지의 주제에 대한 관여도에 따라, 관여도가 높을수록 암시적인 결론을 제시하는 것이 보다 효과적이다.

넷째, 주제의 복잡성에 따라, 주제가 복잡할 때에는 명시적인 결론을 제시하는 것이 보다 효과적이나, 주제가 단순할 때는 명시적 제시와 암시적 제시 사이에 효과의 차이가 없다.

4) 일면적/양면적 제시

생산자의 주장만 제시하느냐, 반대되는 주장을 제시하느냐 하는 것도 설득에 영향을 준다. 둘 중에 어느 방식이 효과적인가는 일률적으로 말하기 어렵다. 설득의 효과에 관여하는 요소들은 모두 긴밀히 연결되어 서로 영향을 주고받기 때문이다.

　광고에서 대체로 양면적 메시지를 전달하는 것의 문제는 비교 광고의 형태로 나타난다. 비교 광고는 주로 기업이나 제품의 이미지에 열세를 만회하기 위하여 후발 기업들에 의해 선호되는 방법으로서, 경쟁 브랜드뿐만 아니라 자사 브랜드의 상대적인 장점에 관한 정보를 포함하게 된다. 비교 광고는 일반적으로 수용자(소비자)들이 그러한 정보들이 제품의 구매를 결정을 하는 데 더 가치 있고 적합하다고 생각한다는 점에서 장점이 있다. 그러나 경쟁 브랜드가 드러나는 것은 오히려 성쟁자를 광고하는 위험을 초래할 수도 있으며, 수용자(소비자)들이 일방적인 주장을 믿지 않을 수도 있기 때문에 어느 정도의 위험성을 감수해야 하는 단점이 있다.[8] 양면적 메시지를 전달하는 예로써 다음의 광고를 살펴보자.

● 자료7 : '버거킹' 인쇄 광고(해외)

It just tastes better

　[자료7]은 패스트푸드 업체인 '버거킹'의 해외 광고[9]이다. 광고 이미지로서 표현된 입모양은 경쟁사인 맥도날드를 암시적으로 드러내는 것으로 보이는데, 만족스럽지 못한 입모양을 경쟁사의 로고 모양으로 표

현하고, '단지 더 맛있을 뿐이다.'라는 카피를 추가함으로써 자사 브랜
드의 맛이 경쟁사보다 우월함을 드러내고자 하고 있다.

일면적 메시지와 양면적 메시지 중 어느 것이 더 효과적인가 하는 문
제에 대해서 많은 연구가 이루어져 왔다.[10] 호블랜드 외(Hovland, Lumsdaine,
& Sheffield, 1949)에 따르면, 일면적 또는 양면적 메시지의 설득 여부는 메
시지에 대한 동의 여부, 수용자의 학력 등에 영향을 받는 것으로 드러
났다. 생산자의 주장에 크게 상반된 태도를 지니고 있지 않거나 학력
수준이 낮은 수용자들에게는 일면적 메시지가 효과적인 반면, 생산자
의 주장과 반대되는 태도를 가지거나 학력 수준이 높은 수용자들에게
는 양면적 메시지가 효과적임이 드러났다. 한편 알랜 등(Allen et al, 1990)
은 메시지를 일면적인 것, 양면적인 메시지이면서 비논박적인 것, 양면
적이면서 논박적인 것으로 나누어 그 효과를 측정했는데, 그 효과는
'양면적&논박적 > 일면적 > 양면적&비논박적' 순으로 나타났다. 이 밖
에도 수용자가 반대쪽 메시지에 노출된 경험이 있느냐 그렇지 않느냐
에 따라서도 메시지의 효과에 차이가 있는 것으로 드러났는데, 대체로
이전에 반대쪽 메시지에 노출된 경험이 없는 수용자들에게는 일면적
제시가 더 효과적인 반면, 이전에 반대쪽 메시지에 노출된 경험이 있는
수용자들에게는 양면적 제시가 더 효과적임이 드러났다.

그러나 일면적 메시지 제시와 양면적 메시지의 중 어느 방법이 더
설득적인가하는 것을 단정적으로 말하기는 어렵다. 이미 여러 번 언급
된 바와 같이 설득에 관여하는 변인들은 매우 다양하기 때문이다.

5) 출처 제시

메시지의 출처가 설득의 효과에 영향을 주는 경우는 두 가지로서, 하

나는 제시되는 주장이 누구냐 하는 것이고, 다른 하나는 출처를 언제 밝히느냐 하는 것이 된다.

제시되는 주장이 누구냐 하는 것은 설득 커뮤니케이션의 생산자 변인 중 '믿음'과도 관련이 되는 문제로서, 예를 들어, "유통 기한이 지난 음식이라도 밀폐된 상태에서 보관되었다면 유통 기한으로부터 한 달 정도 지난 것은 먹어도 인체에 아무 이상이 없다."는 주장을 한다고 했을 때, 이 말을 식품 영양학자가 말하는 것과 식품 제조회사에서 말하는 것에는 설득의 효과가 다르게 나타날 수 있다.

메시지의 주장이 누구의 것이냐 이외에 메시지의 출처를 언제 제시하느냐 하는 것도 설득에 영향을 미칠 수 있다. 일반적인 설득하는 말하기와 설득하는 글쓰기에서는 대개 제시되는 주장의 출처(생산자)가 명시적으로 드러나기 때문에 출처의 제시 시기와 관련된 문제를 논의하는 것이 불필요한 논의인 것처럼 보일 수도 있다. 그러나 광고에서는 이와 관련한 문제로서 제품을 먼저 제시할 것인가, 모델을 먼저 제시할 것인가가 문제가 된다. 예를 들어, 커피 광고를 한다고 하자. 광고를 구성함에 있어서 "우리 제품은 이러이러한 장점이 있습니다. 그래서 ○○○도 우리 제품을 이용합니다."하는 것과 "○○○는 우리 제품을 이용합니다. 우리 제품은 이러이러한 장점이 있기 때문입니다."하는 것은 설득의 효과에 차이가 있을 수 있다는 말이다.

메시지의 출처를 언제 밝히는 것이 효과적인가에 대하여, 밀스(J.Mills)와 하비(J.Harvey)의 연구[11]에 따르면, 전문가가 쓴 논문의 경우 저자의 이름이 서두에 나오는 것이 설득에 보다 효과적이고, 호감 가는 사람이 쓴 논문의 경우에는 저자의 이름이 나오는 순서는 설득에 아무런 영향을 미치지 않는 것으로 나타났다. 이는 메시지 출처의 순서보다도 생산자의 전문성이 보다 효과적임을 보여주는 결과라고 할 수 있을 것이다.

4. 메시지 소구 방식

소구란, 영어 'appeal'에 해당하는 말로서, 보다 쉬운 말로 표현하자면, '호소' 정도가 될 수 있을 것이다. '소구'라는 표현은 'appeal'의 일본식 번역투를 그대로 받아들인 표현이므로 자제해야 할 대상일 뿐만 아니라, 일반적으로 사용되는 용어가 아니기 때문에 개념을 이해하는 데에도 적지 않은 어려움이 있다. 그럼에도 불구하고 이는 학계나 광고계에서 두루 사용되고 있는 용어이기 때문에 아예 무시하기는 어려울 것으로 생각된다. 따라서 이 글에서는 '소구'라는 말을 명칭적인 표현으로만 사용하도록 하고, 그 의미적 표현에는 '호소'라는 표현을 사용하도록 하겠다.

수용자에 대해 호소하는 방식은 그 분류 기준을 무엇으로 하느냐에 따라 매우 다양하게 나눌 수 있다. 인간의 욕구와 관련하여 1차적인 욕구를 자극하는 방식이냐, 2차적인 욕구를 자극하는 방식이냐 하는 것에 따라서 1차 소구와 2차 소구로 나눌 수도 있고, 그것이 긍정적인 방식이냐 부정적인 방식이냐에 따라 긍정적 소구와 부정적 소구로 나눌 수도 있으며, 이성에 호소하느냐, 감성에 호소하느냐에 따라 이성적 소구와 감성적 소구로 나눌 수도 있고, 호소되는 부분의 특징적인 면에 따라 위협 소구, 유머 소구, 성적 소구 등으로 나눌 수도 있다. 이 밖에도 위에 제시된 소구 방식들의 일부를 크리에이티브(creative) 기법에 포함시켜서 이해하려는 학자들도 있다.

이처럼 소구 방식은 보는 이의 관점에 따라 매우 다양하게 나누어질 수 있는 것이기 때문에 이 글에서 모든 소구 방식에 대해 살펴보는 것은 다소 무리가 있을 것으로 생각된다. 따라서 이 글에서는 기존 논의들에서 다루어졌던 소구 방식들을 이성 소구, 감성 소구, 위협 소구, 유머 소구, 성적 소구의 다섯 가지로 나누어 살피기로 하겠다. 물론 위협 소구나 유머 소구, 성적 소구는 어떤 측면에서 보면 감성 소구라고 할 수도 있을 것이다. 그러나 이들 각각이 갖는 두드러진 특징이 있기 때문에 따로 떼어서 살펴보려 하는 것이다. 이들 각각의 소구 방식과 설득의 효과에 대한 논의의 이해를 돕기 위하여 광고의 예를 주로 사용할 것이다.

1) 이성 소구(rational appeal)

이성 소구란, 수용자의 실용적, 기능적, 효용적 욕구에 초점을 맞춰 합리적인 의사결정에 호소하는 형태를 말한다.

● 자료8 : '하겐다즈' 인쇄 광고(해외)

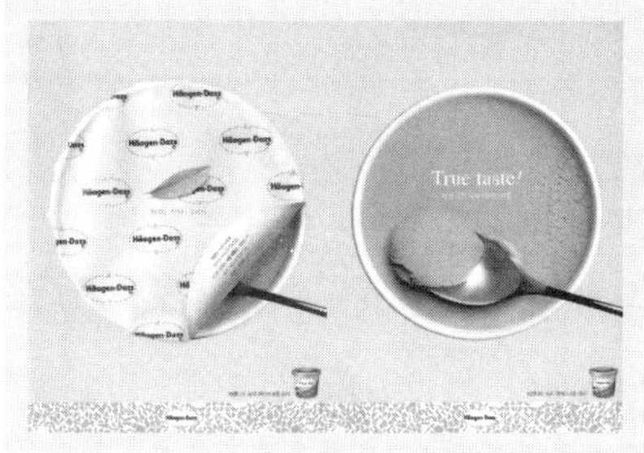

True taste!
햇빛에 약한 녹차를 보호하기 위해 하겐다즈는 패키지 전체에 메탈필름을 사용합니다. 녹차 아이스크림의 맛은 필름이 결정합니다.

하겐다즈 녹차 아이스크림

[자료8]은 '하겐다즈' 아이스크림의 해외 광고로, 이성소구를 사용한 예이다. 하겐다즈만이 갖고 있는 제품의 특수성을 제시하는 방식은 수용자의 이성에 호소하는 방식이라 하겠다.

광고에서 이성적 소구를 사용할 것이냐, 감성적 소구를 사용할 것이냐의 문제는 대체로 관여도와 관련이 깊은데, 관여도에 따르는 소구 방식의 문제는 광고 대행사 Foote, Cone & Belding에서 제시한 광고 전략

수립 모델[12]을 참고할 만하다.

● FCB 광고 전략 수립 모델

<table>
<tr><td colspan="2" rowspan="2"></td><td colspan="2">관여수준</td></tr>
<tr><td>고관여</td><td>저관여</td></tr>
<tr><td rowspan="2">구
매
동
기</td><td>이
성</td><td>-유형 : 합리적 소비자(thinker)
-모델 : 인지(learn)→감정(feel)→구매(do)
-전략 : 정보적 전략
　-조사) 인지도/기억도
　-매체) 긴 문안 형식
　-제작) 정보 제공, 시연
　-예) 자동차</td><td>-유형 : 습관적 구매자(doer)
-모델 : 구매(do)→인지(learn)→감정(feel)
-전략 : 습관 형성 전략
　-조사) 판매 증진
　-매체) 작은 지면, 10초 커머셜
　-제작) 브랜드 상기 유도
　-예) 세제</td></tr>
<tr><td>감
성</td><td>-유형 : 느끼는 사람(feeler)
-모델 : 감정(feel)→인지(learn)→구매(do)
-전략 : 정서적 전략
　-조사) 태도 변화, 정서
　-매체) 큰 지면, 이미지 제고
　-제작) 강한 임팩트 유발 방식
　-예) 화장품</td><td>-유형 : 모방자(reactor)
-모델 : 구매(do)→감정(feel)→인지(learn)
-전략 : 자아 만족 전략
　-조사) 판매 증진
　-매체) 빌보드, 신문, POP
　-제작) 주의 환기
　-예) 청량음료</td></tr>
</table>

위의 격자 모델은 광고 제작에 있어서의 지침 및 안내를 제공하기 위해 제작된 것으로서, 관여도와 구매 동기에 따라 네 개의 영역으로 구분되어 있으며, 이들이 구성하는 네 개의 영역에는 수용자 유형, 매체 구성 방법, 광고 제작 방식 등이 제시되어 있다.

관여도(involvement)란 어떤 대상에 대한 관련성이나 중요성을 지각하는 정도를 말하는 것으로 대상에 대한 관심의 강도, 흥미의 정도, 개인적 중요도 등에 따라 고관여(high involvement)와 저관여(low involvement)로 구분한다. 수용자의 관여도는 자신의 이미지를 표현하는가, 쾌락의 가치를 제공하는가, 실용적인 가치를 제공하는가, 제품의 구매에 위험 부담이 큰가, 제품의 가격이 높은가 등의 여부와 관련되는데, 이들 기준에 더 높은 점수를 부여할수록 관여도가 높아지며, 수용자의 관여 수준은 이러한 다양한 기준들이 복합적으로 작용하여 결정된다. 수용자들은 제품 구매에 있어서 관여도가 높을수록 많은 정보와 자료를 검토하는 경향이 있다. 따라서 관여도가 높은 제품을 광고하는 경우에는 감성적 소구보다는 이성적 소구가 더 적절하다고 하겠다. 그러나 위의 [자료8]에서 보듯, 저관여도의 제품이라고 해서 반드시 감성 소구만을 사용한다고 단언하기는 어렵다는 점도 기억하라.

2) 감성 소구(emotional appeal)

감성 소구란, 수용자의 정서나 감정에 호소하는 형태를 말한다. 생산자는 구체적이고 실증적인 방법이 아닌, 감성이나 느낌을 강조함으로써 수용자의 감동을 자아낸다. 따라서 근거 자료나 데이터를 제공하는 대신에 수용자의 마음을 움직일 수 있는 감정적인 표현이나 언어를 사용한다.

● 자료9 : '풀무원' 인쇄 광고

요 녀석, 참 예쁘죠?
점심시간이 되면 교실은 세상에서 가장 큰 식탁이 됩니다. 언제 내 차례가 되나 기웃거리며 급식을 기다리는 아이들 그새를 못 참고 꼬르륵~ 소리라도 나면 학교는 온통 웃음바다가 됩니다. 요렇게 예쁜 우리 아이들을 위해 무엇을 먹여야 할까요? 바른 먹거리에 우리의 미래가 있습니다.
바른 먹거리 풀무원.

[자료9]는 '풀무원' 인쇄광고로 감성소구를 사용한 예이다. 해맑은 아이의 이미지와 카피가 조화를 이루어 수용자의 따뜻한 감성을 자극하고 있다.

3) 위협 소구(threat appeal)

위협 소구란, 제안을 따르지 않았을 때 수용자가 겪을 수 있는 부정적 결과에 대한 두려움이나 공포를 이용하는 형태를 말한다.

● 자료10 : '암 환자 구호 단체' 인쇄 광고(해외)

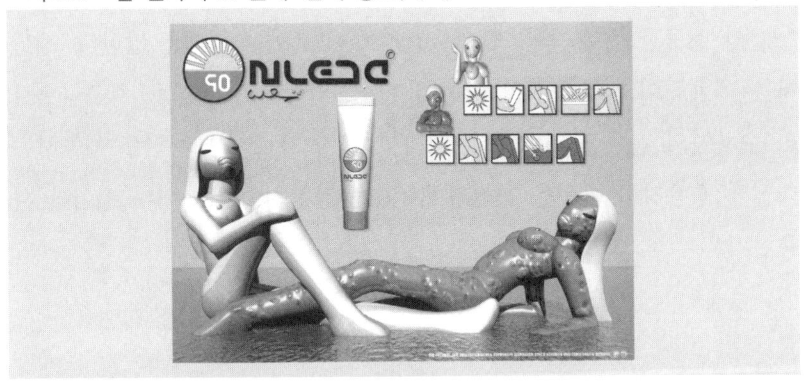

[자료10]은 오스트리아 암 환자 구호 단체(Friends of the Austrian Cancer Aid)에서 피부암에 대한 경각심을 일깨우기 위해 제작한 광고이다. 왼쪽에 앉아 있는 인형은 매끈한 피부를 가지고 있지만, 오른쪽 인형은 피부가 온통 벌겋게 발진이 난 상태로 누워 있다. 얼핏 보면 자외선 차단제[sun block] 광고로 보이기도 하지만, 어쨌든 피부암에 대한 경각심을 일깨우는 데 효과적으로 작용할 듯하다.

한편, 위협 소구의 효과에 관하여 중요하게 다루어져야 하는 것은 위협의 정도 또는 수준이다. 위협의 정도가 너무 낮거나 너무 높으면 해당 메시지가 수용자에게 오히려 거부되는 경향이 있기 때문이다. 위협의 수준이 너무 낮으면, 정서적 반응이 발생하지 않아서 메시지가 제안하는 근본적인 문제에 대한 주의나 관심을 끌지 못할 수도 있다. 반면에 위협의 수준이 너무 높으면 수용자는 자기 방어를 위해 메시지 자체를 회피하려 하게 되는 것이다.

이러한 위협 소구는 광고에서 주로 금연 캠페인, 음주운전 방지 캠페인, 약품 광고 등에 사용되는데, 위협의 수준 이외에 광고에서 중요한 또 하나의 측면은 해당 제품이 수용자로 하여금 위협을 해소해 준다는 확신을 줄 수 있어야 한다는 것이다. 만약 광고를 통해 수용자가 위협을 해소할 수 있다는 확신을 얻지 못하면 광고는 외면당하기 쉽기 때문이다.[13]

4) 유머 소구(humor appeal)

유머 소구란, 유머를 통해 좋은 기분이나 감정을 유발하여 호의적으로 평가하도록 하는 방법이다.

● 자료11 : '펩시콜라' 인쇄 광고(해외)

[자료11]은 '펩시'의 해외 광고로, 펩시콜라에 들어가고 싶은 얼음들의 열망이 재미있게 표현되었다. 화면 오른쪽의 얼음 틀을 자세히 살펴보면, 얼음들이 모두 모델의 손을 향하여 손을 뻗고 있는 모습으로 형상화되어 있는데, 그 모습은 마치 얼음들이 '저요, 저요'를 외치고 있는 듯하다.

광고에 유머를 사용하는 것에 대해서는 긍정적 견해와 부정적 견해가 공존한다. 유머 광고의 긍정적 측면을 지지하는 입장에서는 유머가 광고주에 대해 긍정적인 감정을 만들고 메시지의 설득을 증가시킨다고 본다. 그러나 유머 광고의 부정적 측면을 지지하는 입장에서는, 유머가 너무 지배적이면 메시지의 이해에 방해가 될 뿐만 아니라, 수용자들이 같은 농담을 반복해서 접하게 되면 다른 형태의 광고들보다 더 빨리 싫증을 느끼기 때문에 전체적으로 부정적인 결과를 가져온다고 본다.[14]

그러나 유머는 수용자로 하여금 호감을 이끌어 낼 수 있다는 점에서 광고뿐만 아니라, 설득 커뮤니케이션, 더 나아가 인간의 모든 의사소통에 있어서 유용한 장치임은 분명하다. 대화에서 유머를 사용함으로써 논쟁을 예방하고, 격의를 없애며, 불만을 갖고 있는 상대를 부드럽게 감쌀 수 있기 때문이다. 다만, 유머를 지나치게 사용한다든가, 상황에 적절하지 않은 유머를 사용한다든가, 상대방을 유머의 소재로 삼는 경우 등은 오히려 대화에 장애를 가져올 수 있는 부적절한 유머라는 점을 명심해야 한다.

5) 성적 소구(sexual appeal)

성적 소구란, 인간의 성에 대한 관심을 자극하는 호소 기법을 말한다.

　　광고에서 수용자에게 성적(性的) 자극을 주기 위한 구체적 방법으로
는, 시각적 이미지나 상징적인 이미지, 카피 등이 이용되는데, 카피를
이용한 성적 소구의 예로는, 롯데 삼강 아이스크림의 "줘도 못 먹나",
삼성 카드의 "줄 때 받자.", 한화 에너지 이멕스 휘발유의 "강한 걸로
넣어 주세요." 등이 있다.

● 자료12 : 'canon' 인쇄 광고(해외)

　　[자료12]가 무슨 광고로 보이는가? 'cannon'의 카메라 광고(미국)이다.
cannon 카메라가 강력한 플래시(flash)를 내장하고 있다는 메시지를 표현
한 것으로, 사진을 자세히 보면, 마치 목걸이를 한 채 태닝을 한 것처
럼, 여자 목 부위에 하얗게 목걸이 자국이 남아 있는 것을 볼 수 있다.
하지만 대부분의 사람들은 이것이 카메라 광고인지 바로 알아채지 못
했을 것이다. 정작 광고의 주인공이 되어야할 카메라는 사진 귀퉁이의
작게 실려 있을 뿐이기 때문이다. 목걸이를 하려는 건지, 벗고 있는 상
황인지도 잘 모르겠고, 어깨가 확 드러난 옷을 입고 있는 것으로 보아
무슨 옷을 입고 있는 건지도 파악이 안 된다. 어깨에 늘어져 있는 부스
스한 머리카락은 여자가 입고 있는 것이 속옷일지도 모른다는 연상을

불러일으키기도 한다. 아무튼 언뜻 보아서는 무슨 제품의 광고인지 잘 파악되지 않는다. 다만 분명한 것은 이 광고가 뭇 남성들의 시선을 사로잡을 것만큼은 확실하다는 것이다.

한편, 학계에서는 광고에서 성적 소구를 사용하는 것의 효과는 그리 높지 않은 것으로 보고 있으며, 성적 소구가 수용자의 주의를 분산시키기 때문에 오히려 광고 효과가 반감된다고 본다. 수용자가 성적인 묘사에 관심을 갖게 되기 때문에 정작 관심을 가져야 할 브랜드에는 신경을 쓰지 못하게 되므로 성적 소구가 그리 효과적인 방법이 아니라고 보는 것이다.

−다음의 실험을 참고로 하여, 설득에 영향을 미치는 메시지 요인에 대한 실험을 계획해보자.

▌실험 : 메시지 제시 순서와 상대방의 매력

　동일한 인물에 대한 평가 16개의 제시순서에 따라 그에 대한 평가가 어떻게 달라지는지 실험

절차. 인물에 대한 평가 16개 제시 순서를 3가지 유형으로 제시

　　　A : 긍정적 평가 → 부정적 평가

　　　B : 부정적 평가 → 긍정적 평가

　　　C : 부정적 평가 중간에 긍정적 평가를 삽입

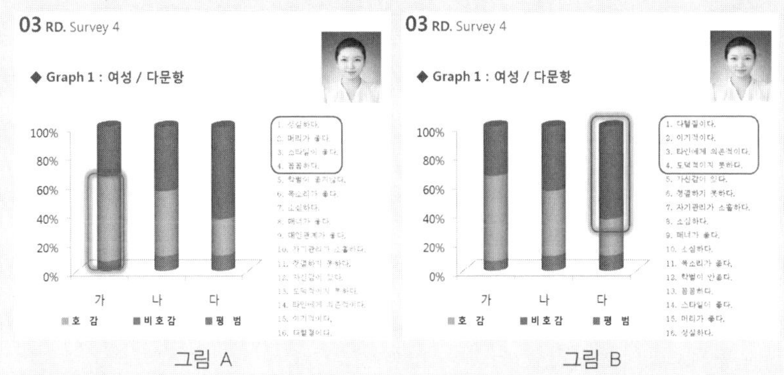

그림 A　　　　　　　　그림 B

결과. 메시지를 A형으로 제시할 경우, 대상을 '호감'으로 인식하는 경향이 높음.(그림A)

　　　메시지를 C형으로 제시할 경우, 대상을 '비호감'으로 인식하는 경향이 높음.(그림B)

−2012년 2학기 학생 과제 일부 발췌 재구성

1 〈추론 B〉에서 전제는 '비가 온다.'와 '차가 막힌다.'의 두 개 문장으로 구성되어 있다. 이 때 앞의 문장을 전건, 뒤의 문장을 후건이라고 하는데, 〈추론 B〉가 타당하지 않은 것은 '후건 긍정의 오류'를 범했기 때문이다. 삼단논법의 올바른 추론 절차를 지키기 위해서는 주어진 전제로부터 결론을 도출해야 한다. 즉, 결론을 내리고자할 때 앞의 내용이 이미 결론에 포함되어 있어야 하는 것이다. 그런데 〈추론 B〉의 경우 삼단논법의 형식을 갖추었지만, 추론의 절차를 지키지 않았기 때문에 타당한 논증이 되지 못한다. 차가 막히는 것은 비가 와서일 수도 있지만, 차가 막히는 다른 이유는 얼마든지 있을 수 있기 때문이다. 교통사고가 났을 수도 있고, 교통 신호가 고장 나서일 수도 있다. 〈추론 B〉는 후건을 부정했기 때문에 타당한 논증이 되려면 전건도 부정해야 한다.

2 김정탁 · 염성원, 1998, 『커뮤니케이션과 광고』, 성균관대학교출판부, p.81 참고.

3 김영석, 2005, 『설득 커뮤니케이션』, 나남출판, pp.281~286 참고.

4 김영석, 위의 책, p.283 참고.

5 윤재연, 2005, 「TV 광고 텍스트의 전략에 대한 연구」, 『겨레어문학』 34집, 겨레어문학회, pp.59~114 참고.

6 김영석, 위의 책, pp.286~288 참고.

7 차배근 외, 1992, 『설득 커뮤니케이션 개론』, 나남출판, pp.86~87 참고.

8 이명천 · 김요한, 2005, 『광고학 개론』, 커뮤니케이션 북스, pp.260~262 참고.

9 이 책에서 사용된 인쇄광고 자료는 모두 www.tvcf.co.kr에서 얻었다.

10 김영석, 위의 책, pp.278~279 참고.

11 김정탁 · 염성원, 위의 책, p.80 참고.

12 김정현, 2001, 「광고 전략 모델 탐구」, 『광고정보』 248호, 한국방송공사, pp. 69~72 참고.

13 이명천 · 김요한, 위의 책, p.253 참고.

14 이명천 · 김요한, 위의 책, pp.255~256 참고.

제5장 설득과 메타메시지

커뮤니케이션 요소로서의 메시지를 생각할 때, 일반적으로 언어로 기호화된 것만을 떠올리기 쉽다. 그러나 실제 커뮤니케이션에서 수용자는 언어 기호로 표현된 자체만을 메시지로 받아들이는 것은 아니다. 언어 표현 이외에 목소리나 말투, 얼굴 표정, 몸짓 등을 통해서도 일련의 메시지를 읽어 내는 것이다.

예를 들어 다음의 제시된 표현을 태도를 달리하여 전달하여 보자.

● 전달 태도에 따른 메시지의 차이

"이따 보자."
1. 즐겁고 명랑한 목소리로 웃으면서 말하기.
2. 이를 악물고 주먹을 불끈 쥐고 목소리를 최대한 낮게 깔리도록 하면
   서 말하기.

위의 경우 동일한 언어 표현임에도 불구하고 1과 2의 경우에 서로 다른 의미를 갖는 것으로 이해된다. 즉, 1의 경우에는 '이따가 다시 만

나서 또 즐겁게 얘기하자.' 정도의 의미를 갖는 것으로 추론되는데 비해, 2의 경우는 '지금은 어쩔 수 없이 참지만, 이따가는 가만두지 않겠다.' 정도의 의미를 갖는 것으로 추론된다.

이렇듯 메시지는 언어 기호 자체가 갖고 있는 내용적 측면 이외에 언어 외적인 방법에 의해서도 전달될 수 있으며, 이렇게 전달되는 메시지를 '메타메시지'(metamessage)라고 한다. 메타메시지는 준언어적인 것과 비언어적인 것으로 나누어 살필 수 있는데, 준언어적 메시지는 언어에 실려 실현되는 목소리 크기, 말투 등으로 전달되는 메시지를, 비언어적 메시지는 눈빛, 얼굴 표정, 몸짓, 상대방과의 접촉, 상대방과의 거리, 위치 등으로 전달되는 메시지를 말한다.

실제 커뮤니케이션에서 이러한 메타메시지가 차지하는 비중은 매우 크다. 미국의 사회학자 알버트 매러비안(Albert Meharabian)에 따르면, 상대방에게 메시지를 전달하는 데 있어서 언어적, 음성적, 신체적인 것의 비중은 각각 7%, 38%, 55%이고, 인간의 몸짓 언어에 대한 연구를 집대성하여 동작학(kinesics)을 창시한 버드휘스텔(Birdwhistell, 1952)에 따르면, 커뮤니케이션에서 동작언어가 전달하는 정보의 양은 65~70%, 음성언어가 전달하는 정보의 양은 35%에 불과하다고 한다.[1] 따라서 메타메시지를 이해하는 것은 설득을 성공적으로 이끄는 데 매우 중요한 역할을 할 것이다.

1. 준언어적 메시지

준언어적 메시지는, 언어적 표현이 실제 음성으로 실현될 때 수반되는 메시지의 측면을 말하는 것으로, 언어에 딸리는 것이라는 의미에서 '준언어적'이라 한다.

사람들의 목소리나 말투에는 그 사람의 감정이나 태도가 묻어난다. 목소리의 크기나 높이, 말의 빠르기 등은 사람의 감정이나 태도를 판단하는 척도가 된다. 또 사람들은 강세나 억양을 바꿈으로써 동일한 문자적 표현에 전혀 다른 의미를 부여할 수도 있다. 말투는 그 사람의 태도와 보다 밀접한 관련이 있기 때문에 어떤 말투로 상대를 대하느냐 하는 것은 커뮤니케이션에서 중요한 요소로 작용한다.

1) 목소리 크기

목소리의 크기는 그 사람의 감정이나 태도를 파악하게 하는 중요한 근거이자, 상대방의 호감을 얻는 중요한 요소가 된다.

사람들은 대체로 흥분하면 목소리가 커지고, 무언가에 자신이 없을 때는 목소리가 작아진다. 큰 목소리는 열정, 확신, 자신감 등의 이미지를 나타내는 한편, 과장, 공격성 등의 이미지를 나타내기도 하고, 작은 목소리는 차분함, 조용함, 은밀함의 이미지를 나타내는 한편, 무기력함, 나약함, 열등감, 소심함 등의 이미지를 나타내기도 한다. 이처럼 목소리의 크기는 상대방에게 화자의 감정이나 태도를 파악하게 하는 중요한 근거가 된다.

목소리의 크기는 상대방에게 호감을 형성하는 데도 중요한 원인으로 작용한다. 지하철에서 큰 목소리로 전화통화를 한다거나 친구들과 수다를 떠는 사람들을 보고 눈살을 찌푸린 경험이 누구나 한 번쯤은 있을 것이다. 평소에 목소리를 작게 내는 사람은 목소리가 큰 사람에 대해 거부감을 느낄 수도 있고, 평소에 목소리가 큰 편인 사람은 작은 목소리를 가진 사람에게서 답답함을 느끼게 될 수도 있다.

이처럼 목소리의 크기는 감정 상태를 드러내고 호감을 형성하는 데 영향을 줄 수 있다는 점에서 설득 커뮤니케이션의 관심의 대상이 된다. 그렇다면, 커뮤니케이션에 있어서 가장 적절한 목소리 크기는 어느 정도인가? 이에 대한 정답이 있다고 보기는 어렵다. 다만 상황과 대상에 맞는 목소리 크기를 적절히 조율할 수 있도록 연습이 필요할 것이다.

2) 목소리의 높이

목소리의 크기와 마찬가지로 목소리의 높이 또한 상대방에게 화자의 감정이나 태도를 파악하게 하는 중요한 근거이자, 상대방의 호감을 얻는 중요한 요소가 된다.

사람은 흥분할 때, 목소리가 커지기도 하지만, 높아지기도 한다. 무게나 위엄을 잡고자 할 때는 목소리를 낮게 깔기도 한다. 높은 목소리는 경쾌함, 발랄함의 이미지를 줄 수 있지만, 동시에 예민함의 이미지를 줄 수도 있다. 낮은 목소리는 위엄, 침착함의 이미지를 줄 수 있지만 동시에 답답함, 둔함의 이미지를 줄 수도 있다.

한편 상대방에게 음정을 높여 말하는 것은 상대를 압도하고자 하는 심리의 표현인 동시에 정신적 미숙함의 증거가 된다. 누군가와 싸움을 할 때 목소리를 높이는 것은 상대의 기를 누르고, 우위에 서고자 하는 심리가 밖으로 표출된 것이다. 아이가 말을 듣지 않을 때 나긋나긋한 목소리로 야단을 치는 엄마는 없을 것이다. 처음에는 화가 나는 심정을 다스리면서 조용한 목소리로 말을 하다가도 결국에 화가 치받으면 목소리는 높아진다. 이는 감정이 격앙되었다는 증거이기도 하지만, 목소리로서 아이를 압도하고자 하는 심리도 반영된 것이다. 그런데 음정이 높은 형상은 유아기의 한 특징으로, 특히 유아기의 어린아이가 고집을 부릴 때 목소리는 아주 높아진다. 대개 목소리는 연령이 높아짐에 따라 낮아지게 마련인데, 이는 나이를 먹는 만큼 사람의 정신구조가 성장하므로, 고집을 부리고 싶은 마음을 억제하기 때문이다. 따라서 감정을 절제하지 못하고, 사소한 일에도 목소리를 높이는 것은 정신적 미성숙의 표현으로 비춰질 수 있다는 점을 명심해야 할 것이다.

목소리의 높이는 상대방에게 호감을 형성하는 데도 중요한 원인으로 작용한다. 너무 높거나 너무 낮은 목소리는 상대방에게 호감을 주기 어렵다. 높낮이에 변화가 없는 목소리는 단조로운 느낌을 주기 때문에 듣는 사람에게 싫증을 주기 쉽다.

이처럼 목소리의 크기와 마찬가지로 목소리의 높이 역시 감정 상태를 드러내고 호감을 형성하는 데 영향을 줄 수 있다는 점에서 설득 커뮤니케이션의 관심의 대상이 된다.

그렇다면, 커뮤니케이션에 있어서 가장 적절한 목소리의 높이는 어느 정도인가? 이에 대한 정답이 있다고 보기는 어렵다. 다만 상황과 대상에 맞는 목소리 높이를 적절히 조율할 수 있도록 연습이 필요할 것이다.

3) 말의 빠르기

말의 빠르기(속도) 또한 그 사람의 감정이나 태도를 파악하게 하는 중요한 근거이자, 상대방의 호감을 얻는 중요한 요소가 된다.

말의 빠르기란 음절과 음절, 낱말과 낱말, 또는 어구 사이의 쉼을 나타낼 때 걸리는 시간이 빠르고 느린 정도를 말한다. 특히 말의 빠르기는 대화의 흥미와 단조로움을 좌우하는 데 중요한 영향을 미치므로 메시지 내용과 상황에 맞는 말의 빠르기를 조절할 줄 아는 것이 필요하다. 예스페르센과 톰슨에 따르면, 말의 빠르기에 따른 주요 원칙은 다음과 같다.[2]

- 강조하고자 하는 점, 다짐하는 점, 엄숙한 사실, 억압당한 감정, 의혹을 자아내기 쉬운 사항, 숫자, 사람의 이름, 지명 등을 말할 때는 말의 속도를 늦추어야 한다.
- 누구나 아는 사실, 그다지 중요하지 않은 사항, 손에 땀을 쥐는 이야기의 클라이맥스, 억압되지 않은 감정 등을 말할 때는 말의 속도를 빨리하는 것이 좋다.

말의 속도 변화에 주의를 기울이면, 상대방의 마음을 읽을 수도 있다. 평소에 요령 있게 말하던 사람이 갑자기 말을 더듬는다든지, 평소에는 어눌하게 말하던 사람이 갑자기 능변을 늘어놓는지 한다면 그것은 틀림없이 그 사람에게 어떤 심경의 변화가 있다는 신호이다. 예를 들어, 불만이나 적대감을 갖고 있는 상대를 만나면 말의 속도는 빨라질까? 느려질까? 일반적으로 맘에 들지 않는 상대를 만났을 때 그것을 애써 감추고자 한다면, 분명히 말의 속도는 느려질 것이다. 마음속에 있는 분노의 감정을 다스리는 데 집중하느라 말이 빨리 나오지 않는 것이다. 맘에 들지 않는 상대라면 말을 안 하면 그만이지, 굳이 마음을 감추면서까지 대화를 나눌 필요가 있을까 생각할 수도 있을 것이다. 그러나 우리가 늘 마음에 드는 상대방만을 만나 설득하리라는 보장은 없다는 것을 명심하라. 게다가 맘에 들지 않는 그 사람은 당신의 직장 상사일 수도 있다. 남자가 바람을 피우다 집에 들어왔다면 말의 속도는 어떻게 달라질까? 거짓말을 감추려고 신경을 써야 하니까 분노를 다스릴

때처럼 말이 느려질까? 오히려 그 반대이다. 거짓말을 들킬까봐 오히려 횡설수설 말이 많아진다. 사람들이 거짓말을 할 때 침묵을 지키는 경우보다는 쓸데없는 말이 많아지는 이유는, 거짓이 들통 날지도 모른다는 공포나 불안감 때문이다. 이러한 심리가 필요이상으로 많은 말을 빠른 속도로 하도록 만드는 것이다.

4) 강세

우리는 일반적으로 중요하거나 강조되어야 할 것에 '힘'을 주어 말하는 경향이 있다. 그런데 강세는 단순히 중요한 것을 강조하는 역할만 하는 것이 아니라, 동일한 언어적 표현에 전혀 다른 의미를 부여할 수도 있다. 다음의 문장을 강세를 다르게 하여 소리 내어 읽어보자.

● 말의 강세에 따른 의미 차이

"나는 사과를 사지 않았다."
1. '나는'에 강세
   → (의미) 다른 사람은 사과를 샀다고 하더라도 나는 안 샀다.
2. '사과를'에 강세
   → (의미) 내가 산 것은 사과가 아니라 다른 것이다.
3. '사지 않았다'에 강세
   → (의미) 나는 사과를 먹기는 했어도 사지는 않았다.

위에서 보이는 바와 같이, 동일한 언어 표현이 실제 발화를 할 때, 어디에 강세를 두느냐에 따라 의미가 전혀 달라진다. 따라서 실제 커뮤니케이션에서 상대방이 어느 부분에 강세를 두고 말하고 있는가를 파악하는 것은 중요하다. 상대방이 어디에 힘을 주어 말하는지를 세심하게 관찰한다면, 상대방이 지금 어떤 문제를 더 중요하게 생각하고 관심을 보이는지 알게 될 것이다.

5) 억양

억양은 말의 상대적인 높이의 변화를 말한다. 억양을 통해서도 동일한 문자적 표현에 서로 다른 감정과 태도를 부여함으로써 전혀 다른 의미를 생성할 수 있다. 다음의 예를 살펴보자.

● 태도 차이에 따른 억양의 변화

    A : 너 도대체 왜 그래?
      (반감을 가지고) 뭐?
    B : X가 교통사고를 당했대.
      (깜짝 놀라며) 뭐?
    C : 선생님 이거 어떻게 푸는 거예요?
      (다정히) 뭐?

위에는 세 가지의 서로 다른 '뭐'가 제시되어 있다. 언어 표현은 동일하지만, A는 반감의 뜻을, B는 놀람의 뜻을, C는 다정함 또는 친절함의 뜻을 전달한다. 그러한 의미 차이는 억양에 따라 달라진다. A의 '뭐'는 길고 느린 굴곡 억양을 갖게 된다. 이때 굴곡의 정도는 'C'에 비해 매우 심하다. B의 '뭐'는 짧고 긴박한 상승 억양을 갖게 된다. C의 '뭐'는 짧은 상승 억양을 갖는다. 이처럼 억양이 달라지면, 의미가 달라질 수 있다.

6) 말투

　말투(말씨)는 목소리에 담긴 전반적인 인상이며, 목소리에 드러나는 그 사람의 태도이다. 우리는 사람의 말투를 통해 '무뚝뚝함', '점잖음' 등의 인상을 줄 수 있으며, '비꼼', '달갑지 않음' 등의 태도를 드러낼 수도 있다.

　　지하철을 타려던 한 승객이 너무 급하게 지하철을 타는 바람에 전동차 안에 서 있던 여자의 발을 밟았다. 그 남자는 바로 미안하다고 사과를 했지만, 나중에 서로 심한 욕설까지 오가며 큰 싸움으로 번졌다.

　위 예화에서 사소한 실수가 큰 싸움으로 번진 원인은 무엇일까? 보편적 인식을 바탕으로 할 때, 싸움의 원인은 아마도 '남자와 여자의 말투와 태도'에서 비롯되었을 것이라고 쉽게 예상해볼 수 있다. 여자의 발을 밟은 남자가 정중하지 않은 말투로 사과를 했다면 어떻게 될까? 발을 밟힌 여자는 '남의 발 밟아놓고, 사과를 왜 저 따위로…' 하는 불쾌한 기분이 들 것이다. 이 때 여자가 남자의 말투를 문제 삼는다면, 둘 사이에 다툼이 일어나는 건 한순간이다. 물론 남자가 정중하게 사과를 했을 수도 있다. 그럼에도 불구하고 남자의 정중한 사과를 상대 여자가 받아들여주지 않는다면 어떻게 될까? 남자는 정중히 사과했지만, 여자는 언짢은 내색을 하며 신경질적으로 발을 털 수도 있다. 그러면 남자 역시 발을 밟아 미안했던 마음이 싹 사라지고, '그깟 발 좀 밟힌 거 가지고…' 하는 불쾌한 감정이 생기게 될 것이다. 이러한 불쾌한 감정은 싸움으로 쉽게 번질 수 있다.

　말투는 사람의 감정을 쉽게 건드릴 수 있다. 신경질적인 말투, 무시하거나 빈정거리는 말투, 명령조의 말투가 사람의 감정을 얼마나 상하게 하고, 이로 인해 얼마나 많은 싸움이 일어나는지는 굳이 말로 설명할 필요조차 없을 것이다.

이처럼 말투는 상대방을 평가하는 기준이 될 뿐만 아니라 사람의 감정을 쉽게 건드릴 수 있다. 준언어적 메시지 가운데, 가장 큰 힘을 지니는 것이 말투라고 해도 과언이 아닐 것이다.[3] 따라서 커뮤니케이션에서 어떤 말투로 상대방을 대하느냐 하는 것은 중요한 문제가 된다. 말투는 대체로 목소리의 크기, 높이, 빠르기, 강세, 억양 등이 복합적으로 작용하여 형성되는데, '퉁명스럽고, 거친' 말투보다는 '부드럽고 따뜻한' 말투를 갖도록 평소에 노력하는 것이 필요하다. '말 한마디가 천 냥 빚을 갚는다. 가는 말이 고와야 오는 말이 곱다.' 등의 속담은 비단 언어 표현 자체의 중요성만을 언급하는 것이 아니라, 말투의 중요성을 강조하는 것들이라는 점을 기억해야 할 것이다.

2. 비언어적 메시지

비언어적 메시지라 함은, 상대방에게 전달되는 메시지가 언어적 표현이 아닌 사람의 몸을 통해 표현되는 메시지이기 때문에 '비언어적'이라 할 수 있을 것이다. 그런데 메시지로서 전달되는 사람의 몸의 표현은 대체로 무의식적인 것이기 때문에, 언어적 메시지 이면에 숨겨진 심리를 그대로 노출한다는 특징이 있다. 그러므로 비언어적 메시지를 제대로 이해하고 이를 제어하는 방법을 익힌다면, 사람의 마음을 움직이는 설득 커뮤니케이션에 있어서 보다 많은 효과를 얻을 수 있을 것이다. 커뮤니케이션에 관여하는 비언어적 메시지는 눈(시선), 얼굴 표정, 몸짓, 상대방과의 접촉, 상대방과의 거리, 위치 등에 의해서 형성된다. 이들 각각에 대하여 살펴보도록 하자.

1) 눈(시선)

　사람들은 흔히 눈을 '마음의 창'이라 부른다. 그런데 이러한 말은 그냥 아무렇게나 하는 말이 아니다. 실제로 사람들은 눈을 통해 대단히 많은 이야기를 전달하기 때문이다. 똑같이 웃고 있는 사진이라 하더라도, 얼굴의 다른 부분을 다 가리고 눈빛만 비교해 보면, 그 사람이 진심으로 웃고 있는지, 거짓으로 웃고 있는지를 쉽게 확인할 수 있다고 한다. 물론, 입은 미소를 띠고 있으나 눈은 웃지 않는 '거짓 미소'를 알아채는 것이 그리 쉬운 일은 아니다. 그러나 확실한 것은 우리가 억지로 미소를 띠는 경우는 눈은 웃지 않고 입이 먼저 웃는다는 것이다. 만약 지금 누군가가 당신 앞에 카메라를 들이댄다고 생각해보라. 당신은 카메라를 향해 미소 띤 얼굴을 만들어 보이게 될 것이다. 이 때 대부분의 사람들은 억지로 입 꼬리를 끌어 올려 미소 띤 얼굴을 만들어낸다. 입 모양새를 바꾸는 데는 신경을 쓰지만, 눈까지 신경 쓰는 사람은 그리 많지 않다.

　우리는 상대방의 눈동자의 흔들림, 동공의 크기, 눈의 깜빡거림, 시선 등을 통해서 상대방의 마음을 읽을 수도 있고, 상대방에게 특별한 메시지를 전달할 수도 있다.

　사람은 불안하거나 거짓말을 하거나 할 때, 눈동자가 흔들린다. 따라서 앞에서 말하고 있는 사람의 눈동자가 불안하게 흔들리고 있다면, 그 사람이 하는 말은 거짓말일 확률이 높다.

　사람의 눈의 동공은 관심을 갖는 대상 앞에서 확장된다. 눈동자가 옅은 색인 사람은 1m~1.2m 거리에서, 눈동자가 짙은 사람은 0.5m 정도 떨어진 거리에서 동공의 변화를 확인할 수 있다. 중국의 비취 상인들은 바로 이런 점 때문에 보석을 살펴볼 때 선글라스를 썼다고 한다. 보석을 보고 동공이 확장되는 것을 들키면 가격 흥정에 손해를 볼 수 있기 때문이다.[4] 상대방이 내 이야기를 들을 때 동공이 크게 열리고 있다는 것은 내 얘기에 흥미를 갖고 있다는 증거가 된다.

사람은 스트레스를 받거나 거짓말을 할 때 눈을 훨씬 더 자주 깜빡이게 된다. 한 눈 전문 연구가에 따르면, 클린턴 대통령은 보통 대선 토론에서 평균적으로 1분에 43번 눈을 깜빡였는데, 청소년 시절 마약을 복용한 일에 대해 질문을 받았을 때 1분에 무려 117번이나 눈을 깜빡였다고 한다.[5] 반면에 어떤 대상에 집중하고 있을 때, 눈의 깜빡거림은 줄어들고, 시선은 고정된다. 이는 우리의 일상에서 쉽게 확인할 수 있는데, TV나 책, 컴퓨터 오락 등에 집중하고 있는 사람들은 대개가 눈도 깜빡거리지 않은 채, TV 브라운관이나 책, 모니터에 시선을 고정하고 있다. 따라서 상대방이 내 애기를 들으면서 자꾸 눈을 깜빡 거린다거나, 딴 데로 시선을 자꾸 돌린다거나 하는 것은 내 얘기에 집중하고 있지 않다는 신호가 된다. 그러나 상대방이 눈을 깜빡거리지 않고 나를 쳐다보고 있다고 해서, 내 얘기에 집중하고 있다고 단정하는 것은 곤란하다. 나를 쳐다보고는 있지만, 머릿속으로는 다른 생각에 빠져 있을 수도 있고, 내 얘기가 지루하다는 것을 표시하기 위해 나를 뚫어지게 쳐다보고 있는 것일 수도 있다. 한편, 시선에 대한 판단은 문화권에 따라 다르다. 동양권에서는 상대방의 눈을 똑바로 쳐다보는 것을 굉장히 무례하다고 생각한다. 우리의 일상적인 싸움에서 "어디서 감히, 눈을 똑바로 쳐들고 대드느냐."라는 말을 자주 하는 것도 이러한 생각의 연장선상에서 나온 말이 아닐까 한다.

이처럼, 눈을 통해서 우리는 상대방의 내면에 감추어진 심리 상태에 대해 보다 구체적으로 알 수 있다. 따라서 상대방의 눈이 나타내는 의미를 제대로 이해한다면, 커뮤니케이션을 보다 성공적으로 이끌 수 있을 것이다. 더 나아가 이를 적절히 통제하고 조절함으로써 자신이 나타내고자 하는 의미를 보다 분명하게 드러내는 수단으로 사용할 수도 있을 것이다. 즉, 우리가 상대방의 눈에서 어떤 메시지를 읽어내느냐, 또는 어떤 눈으로 상대를 바라보느냐 하는 것은 커뮤니케이션에서 상당히 중요한 문제가 되는 것이다.

그런데, 동공의 크기나 눈동자의 흔들림, 눈빛, 눈의 깜빡거림 등은 거의 무의식적인 반응이기 때문에, 이를 통제하고 조절함으로써 특정 메시지를 전달하는 수단으로서 사용하기는 어려울 것이다. 그러나 시선은 어느 정도 통제와 조절이 가능하다. 그러므로 자신의 시선을 설득의 수단으로 적절히 활용할 수 있다.

시선을 주고받으면서 서로의 교감을 이루는 것을 '아이 콘택트'(eye contact)라고도 한다. 아이 콘택트를 잘하는 방법은 시선을 주는 빈도와 시간, 각도를 조절하는 것이다.

첫째, 너무 뚫어지듯 상대방을 응시하는 것은 바람직하지 않다. 그런 눈빛은 상대방으로 하여금 스토커가 쳐다보는 듯한 불쾌감과 부담감을 주기 때문이다. 사이토 이사무(2001)에 따르면, 상대방을 대화로 끌어들이기 위해서는 시선을 주는 빈도와 시간은 '37573의 리듬'[6]에 따르는 것이 좋다고 한다. 즉, 상대의 눈을 보고, 피하는 것을 반복하는 간격을 각각 3초-7초-5초-7초-3초로 반복하라는 말이다.

둘째, 구현정(2000)에 따르면, 사람의 시선의 각도가 대화의 내용에 따라 달라진다고 한다. 이는 공식적, 사교적, 친근한 시선의 세 가지로서, 공식적 시선은 상대의 눈을 중심으로 하여 이마에 걸치는 범위에 머무르며, 사교적 시선은 상대의 눈을 중심으로 코끝에 걸치는 범위에 머무르며, 친근한 시선은 상대의 눈을 중심으로 턱 아래를 지나는 범위 또는 그 이상에 머무른다고 한다.[7]

2) 얼굴 표정

상대방과 등을 돌리고 앉아서 얘기해보자. 아마도 얼굴을 마주 대하고 얘기하는 것보다 매우 불편하고 답답함을 느끼게 될 것이다. 또한 평소에 안경을 쓰던 사람이 안경을 끼지 않은 채로 상대와 얘기를 나눈다면, 평소와는 달리 뭔가 불편하고 답답하다고 느끼게 될 것이다. 이는 대화를 나누는 데 있어서 상대방의 얼굴 표정을 읽을 수 없기 때문에 나타나는 현상이다.

사람의 얼굴 표정에는 굉장히 많은 감정들이 드러난다. 기쁨(喜), 분노(怒), 슬픔(哀), 즐거움(樂), 사랑(愛), 증오(惡), 욕심(慾)의 인간의 일곱 가지 감정이 모두 얼굴을 통해 드러난다고 해도 과언이 아닐 정도로 사람의 얼굴 표정은 풍부한 의미를 전달하는 것이다. 따라서 커뮤니케이션에 있어서 상대방의 표정을 읽어내는 것은 매우 중요한 일이 될 것이며, 표정을 관리하는 것 또한 중요한 일이 될 것이다.

사람들은 무표정한 얼굴보다는 표정이 풍부한 얼굴을 더 선호하는 경향이 있다. 앞에서 말한 바와 같이, 사람의 얼굴 표정에는 그 사람의 감정이 드러난다. 그래서 사람들은 상대방의 표정이 풍부한 것을 나에게 자신의 감정을 개방적으로 드러내겠다는 신호로 받아들인다. 따라서 자신의 얼굴이 평소에 무표정하다는 말을 많이 듣는 사람이라면, 얼굴 표정을 보다 풍부하게 하는 연습이 필요할 것이며, 보다 밝고 환한 얼굴 표정으로 밝은 인상을 주도록 노력해야 한다.

그렇다고 늘 웃는 표정으로 지내는 것이 꼭 효과적인 것만은 아니다. 상황에 적절한 표정을 드러내는 것에도 유의해야 한다. 예를 들어, 상대방이 심각한 상황에서 미소를 보내면, 자칫 상대방을 비웃는 듯한 인상을 줄 수도 있기 때문이다. 또한 표정이 풍부한 것이 늘 효과적인 것만은 아니다. 협상 테이블에서는 풍부한 표정보다는 무표정한 얼굴이 오히려 감정의 노출로 입을 수 있는 손실을 막아줄 수도 있다.

3) 몸짓

사람들은 알쏭달쏭한 문제를 접하거나 쑥스러운 상황에 놓여 졌을 때 머리를 긁적이고, 의심이 있을 때 고개를 갸우뚱한다. 화가 나거나 당황할 때는 목을 만지고, 무언가를 기대할 때 손을 문지른다. 초조하거나 긴장 했을 때 입술이나 손끝을 깨물거나 다리를 떨기도 하고, 분노와 긴장의 표시로 주먹을 움켜쥐기도 한다. 무언가에 환호할 때 두 손을 번쩍 쳐들기도 하고, 뭔가 숨기는 것이 있는 사람은 대체로 손이 입 주변이나 코 주변에 머무르는 경향이 있다. 긍정의 표시로 고개를 앞뒤로 흔들기도 하고, 부정의 표시로 고개를 좌우로 흔들기도 한다. 이처럼 고개, 손과 팔, 발과 다리 등의 움직임 즉, 몸짓은 우리에게 많은 것을 알려주는 수단이 된다. 따라서 상대방의 몸짓이 전달해주는 메시지를 제대로 이해한다면 커뮤니케이션을 보다 성공적으로 만들 수 있을 것이다. 뿐만 아니라, 나의 몸짓을 통제하고 조절하는 것도 상대방의 마음을 움직이는 효과적인 수단이 될 것이다.

심리학 용어에 '라포르'(불어, rapport)라는 말이 있다. 이는 두 사람 이상의 관계에서 발생하는 조화로운 '일치감', '친밀도'를 나타내는 용어로, 자신의 생각, 흥미, 감정 등이 상대방과 일치하여 두 사람이 정신적, 심리적으로 연결된 상태, 또는 그 작용을 의미한다. 라포르를 이용하는 것도 커뮤니케이션을 성공적으로 이끄는 유용한 수단이 될 수 있는데, 예를 들어, 상대방이 고개를 갸우뚱한다면 함께 고개를 갸우뚱해보라. 팔로 턱을 괴면 역시 함께 턱을 괴어보라. 상대방의 행동을 똑같이 따라하다 보면 상대방은 어느새 나에게 친근감을 느끼게 될 것이다.

상대방을 향하여 열려 있는 자세 또한 상대방에게 호감을 유발한다. 몸이 상대방을 향하게 한다거나 손등보다는 손바닥을 드러낸다거나, 발의 바깥쪽보다는 발의 안쪽을 상대방 쪽으로 향하게 하면 상대방이 나에 대해 호감을 보다 느끼게 된다고 한다. 필립 튀르셰(Phillppe Turchet)는, 세계적으로 높은 시청률을 자랑하는 오프라 윈프리 쇼의 진행자인 오프라 윈프리가 그렇게 오랫동안 사람들에게 사랑받았던 것은 언제나 그녀의 손바닥이 시청자를 향해 열려 있었기 때문이라고 분석한 바 있다.[8]

4) 신체적 접촉

신체적 접촉이란, 타인의 신체의 일부와 자신의 신체의 일부를 접촉하는 것으로, 악수를 포함한 손잡기, 어깨 두드리기, 얼굴에 볼 부비기, 포옹, 입맞춤 등의 긍정적인 것들과 발길질, 주먹질 등의 부정적인 것들을 모두 포함한다.

이러한 신체적 접촉을 통해서도 사람의 감정과 태도를 전달할 수 있는데, 등이나 어깨, 팔, 손에 닿는 가벼운 손길을 통해 따뜻한 정서적 격려를 전달할 수 있다. 위로의 말 한마디보다 따뜻한 격려의 포옹이 더 큰 위로가 될 수도 있고, 단순한 축하의 인사보다는 가벼운 포옹이 곁들여진다면 더 기뻐하는 의미로 받아들여질 수도 있는 것이다. 말로만 칭찬하는 것보다는 머리를 쓰다듬어 준다든가, 어깨를 두드려주는 행동을 덧붙임으로써 상대방을 더 기분 좋게 할 수도 있다. 부모와의 신체적 접촉이 아이들의 정서 발달에 큰 영향을 끼치기 때문에, 자주 안아주고, 쓰다듬어 주고 한 아이들이 정서적 안정감을 갖는다는 것은 널리 알려진 사실이다.

그러나 신체적 접촉이 늘 긍정적인 감정만을 전달하는 것은 아니다. 신체적 접촉은 개인적 성향이나, 문화적 배경과 매우 민감하게 관련되는 문제이므로, 신중하게 사용해야 한다.

첫째, 개인적 친밀도에 따라 신체적 접촉을 허용하는 범위는 매우 다르다. 가까운 친구 사이에는 팔짱을 끼거나 손을 잡는 것이 자연스러운 행동이 될 것이지만, 가까운 사이가 아니라면 이러한 행동은 매우 어색하게 받아들여질 것이다.

둘째, 신체적 접촉의 일부는 힘과 권위의 상징으로 사용될 수도 있기 때문에 신중히 사용해야 한다. 예를 들어 머리를 쓰다듬는다거나 어깨를 두드리는 행위는 대체로 윗사람이 아랫사람에게 보이는 행동이므로 함부로 사용해서는 곤란을 겪게 될 수도 있다.

셋째, 신체의 어느 부분을 접촉하느냐 하는 것도 사회 문화적으로 굉장히 민감한 부분이 될 수 있으므로 신중해야 한다.

5) 상대방과의 거리

식당에서 밥을 먹고 있다. 평소에 친하다고 생각하는 과 선배(또는 후배)가 "너도 밥 먹으러 왔구나, 같이 먹자."하더니 나와 멀찍이 떨어진 자리에 앉았다고 하자. 멀찍이 앉는 선배(후배)에 대해 분명 이상한 생각이 들 것이다. '왜 내 옆에 빈자리를 놔두고 저기 앉는 거야?'

이와 반대의 경우를 생각해보자. 나 홀로 또는 친구들과 식당에서 밥을 먹는데, 모르는 사람이 바로 내 옆자리에 앉았다고 생각해보라. 이 또한 이상한 생각이 들 것이다. '뭐야? 저렇게 빈자리가 많은데 왜 내 옆자리에 앉는 거야?'

사람들이 이러한 생각을 하게 되는 것은 사람들이 타인과의 거리를 하나의 메시지로 이해하기 때문인데, 사람과 사람 사이의 거리가 하나의 메시지가 될 수 있는 이유는 사람과 사람 사이의 물리적 거리가 사람과 사람 사이의 심리적 거리를 반영하고 있기 때문이다. 사람은 기본적으로 자기 주변에 전용 공간을 확보하고, 이를 유지하고 싶어 하는 심리를 가지고 있다. 이러한 자기 영역을 'body zone'이라고 하는데, 친밀감의 정도에 따라 타인과 두는 거리에 차이가 있다. 여러 사람들이 나란히 앉는 지하철 빈 좌석에서 양쪽 가장자리가 가장 먼저 채워지는 이유가 바로 여기에 있다.

문화인류학자 에드워드 폴은 사람과 사람 사이의 '거리'가 지닌 의미에 대해 흥미로운 관찰 결과를 발표했는데, 그의 결과에 따르면, 일상적인 인간관계 속에서 만들어지는 거리는 밀접 거리, 개체 거리, 사회 거리, 공중 거리의 네 가지로 나뉘고, 이는 각각 근접과 원접으로 나눌 수 있다. 이들 각각을 제시하면 다음과 같다.

● 사람과 사람 사이의 거리와 그에 따른 심리[9]

밀접 거리	근접(15cm이하)	애무나 보호, 때로는 격투에 사용되는 거리
	원접(15~45cm)	손을 잡거나 어깨를 감싸는 등 육체적 접촉이 가능한 거리
개체 거리	근접(45~75cm)	아직 상대를 끌어당길 수 있는 거리
	원접(75~120cm)	양쪽이 손을 뻗으면 서로 닿을 수 있는 거리
사회 거리	근접(120~210cm)	육체적 접촉은 어렵고 각종 모임에서 선 채로 이야기를 나눌 수 있는 거리
	원접(210~360cm)	격식을 갖춘 분위기에 적당한 거리
공중 거리	근접(360~750cm)	1 : 1 대화가 거의 불가능한 거리
	원접(750cm이상)	커뮤니케이션을 하기에 거의 불가능한 거리. 강연 등의 일방적인 의사전달만이 가능

사람들은 타인과의 거리를 조절함으로써 거리감을 해소하거나 거리감을 유발하기도 한다. 길거리에서 시비를 거는 불량배들이 상대방을 향해 몸을 가까이 밀착한다거나 경찰이 피의자를 심문하다가 갑자기 몸을 피의자 쪽으로 가까이 밀어붙이는 행동들은, 상대의 개인 영역을 침범함으로써 위압감을 유발하는 행동이다. 사람들은 상대방과 특별한 친밀감을 갖지 않는 한, 상대방이 자신의 영역을 침범하는 것을 그리 달가워하지 않는다. 따라서 설득의 효과를 높이기 위해서는 상대방의 심리적 영역을 침범하여 불쾌감을 주지 않도록 주의해야 하며, 그 영역에 들어설 수 있도록 상대의 상대방과의 심리적 거리를 좁히는 데도 노력을 기울여야 할 것이다.

6) 상대적 위치

상대방과 어느 위치에서 마주 대하고 있는가 하는 것도 설득에 영향을 미칠 수 있다. 섬머(Robert Sommer, 1969)는 자리 배치가 경쟁, 협력, 공동 작업에 대하여 사람들의 지각에 미치는 영향에 대해 광범위한 연구를 했는데, 사람들은 맞은편에 앉은 사람을 경쟁이나 적대적으로 지각하려는 경향이 있고, 대각선에 앉은 사람들은 협력자로 인식하는 경향이 있으며, 옆으로 나란히 앉은 사람들은 공동 작업의 파트너로 인식하는 경향이 있다고 한다. 다음의 예를 통하여 보다 위치와 관련되는 심리의 측면을 보다 구체적으로 살펴보기로 하자.[10]

여자 친구가 헤어지자는 암시를 주며 만나자고 했다. 어느 자리에 앉아야 나의 말이 가장 효과를 발휘할 수 있을까?

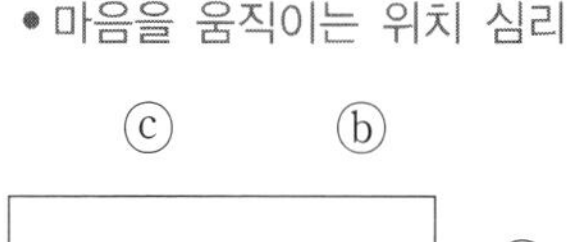

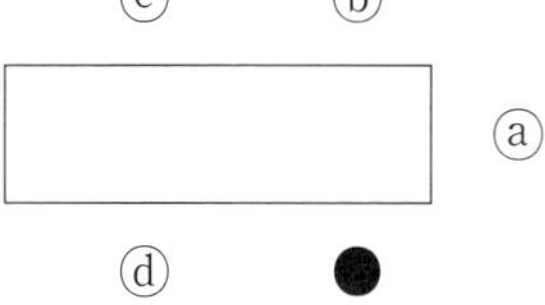

ⓐ는 상대와 심리적, 공간적으로 가까우면서도 상대에게 위압감을 주지 않는 자리이다. 따라서 여자 친구를 차분하게 설득하고자 한다면, 이 자리에 앉는 것이 제일 유리하다. 이 자리에서는 "무슨 일이야? 헤어지자고? 음…너도 많이 생각해보고 말하는 거겠지? 근데, 나한테도 생각할 시간을 좀 줘…"라고 말하며 여자 친구의 마음에 공감을 표시하면서도, 자신의 입장을 상대방이 잘 받아들일 수 있도록 하는 자리이다.

ⓑ는 상대방과 정면 자리이다. 심리학적으로 정면은 '적대 관계'를 의미한다. 따라서 "표정만 봐도 알겠어. 나랑 헤어지고 싶은 거지? 네가 나한테 어떻게 이럴 수가 있어?"라며 싸울 준비가 단단히 되어 있는 사람이라면, 이 자리를 선택하게 될 것이다.

ⓒ는 상대방과 가장 거리가 먼 자리로, 대화가 잘 통하지 않는 자리이다. 상대로부터 혹은, 대화의 화제로부터 가능하면 멀어지고자 하는 사람들이 선택하는 자리이다. 만약 그녀의 남자 친구가 이 자리에 앉아 있다면, 그는 "요즘 왜 이렇게 교수가 과제를 많이 내 주냐. 짜증나. 저녁 먹었어? 뭐 먹을래?"라고 하며, 계속해서 여자 친구가 이별의 이야기를 꺼낼 틈을 주지 않으면서 화제를 피하고 있을 것이다.

ⓓ는 상대방의 바로 옆 자리로, 상대방과 나란히 바로 옆에 앉는 것은 심리학적으로 '협조 관계'를 의미한다. 나란히 앉은 사람과는 감정적인 공감이 가장 쉽다. 특히 남녀가 이런 위치로 앉는 것은 서로에게

신뢰감이 있어야 가능하다. 만약 헤어지고 싶어 하는 여자 친구를 만나면서 이 자리를 선택했다면, 그는 그녀에게서 헤어질 생각이 없는 사람이고, 여자 친구에게 응석을 부리며 매달릴 확률이 높다.

−다음의 실험을 참고로 하여, 설득에 영향을 미치는 메타메시지에 대한 실험을 계획해보자.

▌실험 : 메시지 효과 비교 연구

홈쇼핑 동영상을 메시지 차원에서 분석, 문제점을 고친 수정 동영상을 새롭게 만들어 원본과의 매력도가 어떻게 달라지는지 실험

절차 1. 홈쇼핑 동영상의 언어/준언어/비언어 메시지의 문제점 분석

　　　 2. 조원이 수정을 가하여 합성 동영상 제작

1) 자신감 없고 불성실한 태도 수정

자신감 없고 불성실한 태도

친절한 미소와 자신감

2) 무표정한 얼굴, 경직된 표정 수정

무표정한 얼굴. 경직된 표정

풍부한 표정

　　 3. 두 동영상의 선호도 비교

결과 예측. 선호도 : 원본 동영상 < 수정 동영상

결과. 선호도 : 원본 동영상 > 수정 동영상

결과 분석.

1. 수정 동영상에서 사용된 설득의 기술의 효과보다 박명수의 캐릭터가 가지는 효과가 더욱 높았다.

2. 수정동영상의 편집에서의 조금씩 끊기는 부분이 수용자에게 부정적으로 작용함.

3. 수정본의 동영상을 선호한 사람들의 의견은 우리 조가 의도했던 방향과 같이 차분하고 명확하게 설명한 것이 긍정적으로 작용함.

-2012년 2학기 학생 과제 일부 발췌 재구성

1 이창덕 외, 2000, 『삶과 화법』, 박이정, pp.165~166 참고.

2 김양호, 2001, 『상대를 움직이는 대화의 심리작전』, 비전코리아, p.132 참고.

3 사람들은 말이 담고 있는 메시지보다 말투에 더 민감하게 반응한다는 사실은 제2장 설득과 생산자에서도 언급한 바 있다.

4 토니야 레이맨, 『왜 그녀는 다리를 꼬았을까』, 21세기 북스, p.71 참고.

5 토니야 레이맨, 위의 책, p.73 참고.

6 사이토 이사무(齋藤勇), 2001, 『사람의 마음을 사로잡는 심리 화술』, 시아출판사, p.175 참고.

7 구현정, 2000, 『대화의 기법』, 경진문화사, p.47 참고.

8 필립 튀르세(Philipe Turchet), 2005, 『유혹, 그 무의식적인 코드』, 나무생각, pp.135~169 참고.

9 사이토 이사무(齋藤勇), 위의 책, p.183 재인용.

10 사이토 이사무(齋藤勇), 위의 책, pp.107~117 참고.

제6장 설득의 효과

설득에 있어서 우리의 궁극적인 목표는 '어떻게 하면 효과적으로 설득할 수 있을까?'이다. 그런데 '설득되었다.'는 것은 '수용자의 태도와 행동에 변화가 일어났다.'는 것을 의미하므로, 설득의 효과를 논의하기 위해서는 우선 태도와 행동에 대한 이해가 선행되어야 한다. 따라서 이 장에서는 태도란 무엇인지, 태도와 행동의 변화를 가져오는 이유는 무엇인지 등을 살피고, 이를 바탕으로 효과적인 설득이란 무엇인지에 대해 좀 더 알아보도록 하겠다.

1. 태도

태도는 설득 커뮤니케이션의 연구에서 가장 핵심적인 개념이다. 태도가 수용자의 행동의 방향을 예측해 줄 수 있다고 믿어왔기 때문이다.

1) 태도의 정의

(1) 삼분 모형

초기의 태도 연구에서 태도는 인지적, 감정적, 행동적 요소로 이루어 졌다고 개념화하는 삼분모형(tripartite model)에서 시작되었다.

인지적 요소란 어떤 대상에 대한 우리의 지식이나 생각, 믿음 등을 의미한다. 즉, 경험의 결과로 얻어지는 지식이자, 자기 신념을 말한다. 여기서 신념이란, 어떤 사상이나 명제, 언설(言說) 등을 승인하고 수용하 는 심적(心的) 태도를 말하는 것이다. 이러한 신념은 사실 자체와는 별개 의 것으로 존재하기 때문에 옳고 그름을 따지기 어렵고, 미신이나 편견 등 객관적인 사실을 왜곡하거나 과장할 수도 있다. 그러나 이러한 신념 의 부정확성과는 관계없이 그것은 개인이 어떤 대상에 대해 반응하는 데 근거를 제공한다.

감정적 요소란 어떤 대상에 대한 느낌이나 정서의 정도를 말한다. 이 러한 감정들은 개인의 관점에서 대상에 대한 좋고, 나쁨에 대한 정도의 판단으로 표출된다.

행동적 요소란 인간이 어떤 행동을 하기 전에 갖게 되는 그 행동을 하고자 하는 마음가짐을 말한다. 이는 '행동 의도(behavioral intention)'라 고도 불리는 개념이다.[1]

태도를 구성하는 이들 인지적, 감정적, 행동적 요소들은 따로 떨어진 별개의 것이 아니라 복합적으로 작용하여 인간의 태도를 형성하고 있 고 있다. 다음의 예를 통하여, 태도를 구성하는 각각의 요소가 어떻게 상호 작용을 하는지, 그리고 이들의 상호 작용으로 형성된 태도가 어떻 게 행동으로 이어지는지에 대해 살펴볼 수 있다.

〈인지적 태도〉

- 모피 코드를 만들기 위해 1년에 3천5백만 마리의 동물들이 죽어간다.
- 질 좋은 털을 얻기 위해 동물들의 털을 산채로 벗기거나 동물들을 감전시켜 죽인다.
- 이로 인해 자연생태계가 심각하게 파괴되고 있다.

〈감정적 태도〉

- 질 좋은 털을 얻기 위한 행위는 잔인하다.
- 죽어가는 동물들이 불쌍하다.
- 모피 코트를 사는 사람, 만드는 사람 모두 비인간적이다.

〈행동적 태도〉

- 모피 코트 구매자들에 대한 비난, 반박 의도.

〈행동〉

- 모피 코트 불매 운동, 모피 코트 구매자들에 대한 비난.

한편, '태도'의 개념은 종종, '습관, 가치, 의견' 등의 개념과 혼동되어 사용되는 경우가 많다. 그러나 이들 개념은 엄밀한 의미에서 태도와 다르다.

첫째, 습관은 학습되는 것이고, 지속적인 것이라는 점에서 태도와 공통점을 갖는다. 그러나 습관은 규칙화된 행동의 패턴을 일컫는 데 비해 태도는 그 자체가 행동을 나타내는 것이 아니라는 점에서 차이가 있다.

둘째, 가치는 사람들이 추구하고자 하는 궁극적인 목표이자 이상이다. 이는 대개 태도보다 더 광범위하고 일반적인 개념으로 사용된다. 따라서 가치와 태도는 동일한 개념이 아니다.

셋째, 의견은 태도를 구성하는 세 요소 중 인지적 요소만을 언급하는 개념으로 인지적 요소가 언어적으로 표현된 것을 의견이라고 본다. 반면 태도는 인지적, 감성적, 행동적 요소가 융합된 개념이며, 특히 이 들

세 요소 중에서 감정적 요소를 강하게 함축하는 개념으로 이해되기도
한다.

(2) 단일차원 모형

서스톤(Thurston, 1931)은 태도를 '어떤 자극 또는 대상에 대한 부정적
또는 긍정적인 감정이나 느낌의 양'을 의미하는 것이라고 하였고, 피시
바인(Fishbein, 1966)은 태도를 '개인이 어떤 대상에 대해 긍정적 또는 부
정적으로, 호의적 또는 비호의적으로, 찬성 또는 반대로 느끼는 정도'
라고 정의하였다. 이는 태도를 '대상에 대한 선호도'라는 단일차원 구
성체로 보는 입장으로서, 1960년대 이후 태도 연구의 주류를 이루었다.

단일차원 모형에서는 태도의 세 요소가 '인지→ 감정→ 행동'의 인과
성을 가지고 있다고 가정한다. 즉, 인지 요소가 감정 요소를 결정하고,
감정 요소가 행동 요소를 결정한다고 보는 것이다. 여기서 감정 요소를
태도의 가장 중요한 성분으로 본다. 예를 들어, 특정 상표에 대한 태도
는 그 상표의 여러 속성에 대한 지식과 믿음에 의해 형성되고, 이렇게
형성된 상표에 대한 태도가 그 상표를 구매하거나 소비하려는 행동 의
지를 결정한다는 것이다.

태도에 대한 이러한 관점은 '알고, 느끼고, 행동하는 인간이 합리적
인 인간'이라는 근대의 합리주의적 인간관과 잘 맞는 모형으로서, 지금
도 영향력을 잃지 않고 있는 많은 태도 이론들이 대개 이런 단일차원
모형에 속한다. 그러나 1980년대에 들어서면서 인간의 합리성에 대한
비판이 대두되고, 인간의 감정에 대한 관심이 커지기 시작하면서 태도
연구의 입장에도 변화를 가져오게 된다. 이로써 태도를 단일차원 구성
체가 아닌 이차원 구성체로 보는 입장이 나타나게 된다.[2]

⑶ 이차원 모형

인지심리학이 인간의 감정에 대한 연구를 무시했다는 비판적 관점에서 인간의 감정 연구를 중요하게 생각해야한다고 주장하는 다수의 심리학자들은, 태도를 대상에 대한 선호도라고 보는 단일차원 모형은 인간의 감정에 대한 것이 아니라, 인간의 인지적 평가에 불가하고, 선호도를 인간의 감정이라고 인정한다 하더라도 이는 인간 감정 중 하나의 종류에 불과하다고 주장하였다. 그들은 태도가 감정요소로 구성된 단일차원 구성체가 아니라 감정 요소와 인지 요소를 모두 포함한 이차원 구성체로 본다. 즉, 태도는 개인이 경험하는 주관적 느낌(감정 요소)과 대상에 대한 일종의 평가(인지 요소)가 합쳐진 것이라고 보는 것이다. 여기서 주관적 느낌이란 대상에 대한 좋고 싫음을 나타내는 것으로 어떤 합리적 이유가 있을 수도 있고, 없을 수도 있는 감정적인 측면을 의미한다.[3]

2) 태도의 기능

‘사람들은 왜 어떤 대상에 대해 특정한 태도를 갖게 되는가?’, ‘동일 대상에 대하여 사람마다 다른 태도를 갖는 이유는 무엇인가?’ 이러한 질문에 대한 답은 ‘태도의 기능’에 대해 살펴봄으로써 얻을 수 있다. 카츠(Katz, 1960)는 태도의 기능을 ‘자기 방어’, ‘가치 표현’, ‘지식’, ‘적응’의 네 측면으로 나누어 살피고 있는데, 이를 구체적으로 살펴보면 다음과 같다.[4]

첫째, 자기 방어 기능(ego-defensive function)이란, 사람들은 스스로 인정하기 싫은 충동이나 외부적인 위협으로부터 자아를 보호할 목적으로 어떤 태도를 취한다는 것을 의미한다. 예를 들어, 사람들은 마약에 대한 부정적인 태도를 취함으로써 자신의 마약에 대한 접근 가능성을 스스로 차단할 수 있다.

둘째, 가치 표현 기능(value-expressive function)이란, 사람들의 태도에는 자신에게 주요한 가치나 자아 이미지가 반영되어 있다는 것을 의미한다. 즉, 사람들은 특정한 태도를 통해서 자신이 갖고 있는 중심적인 가치나 자신이 어떤 종류의 사람인가에 대해 긍정적인 표현을 하고자 한다는 말이다. 예를 들어, 사람들은 옷, 음악, 자동차 등에 대한 태도를 통해 자신의 개성을 표현할 수 있다.

셋째, 지식 기능(knowledge function)이란, 사람들은 지식에 대한 욕망을 충족시키거나 무질서하게 뒤엉켜 있는 정보나 사건들을 조직적으로 이해하기 위해서 어떤 태도를 갖는다는 말이다. 사람들은 자기 주변의 사람들이나 사건들을 이해하고 해석하는 기준이나 준거 체계를 필요로 하는데, 태도는 이러한 기준이나 체계를 제공해주는 역할을 담당한다. 사람들이 종교나 문화 규범 등에 대한 태도를 형성하고 있는 것이 이러한 예에 해당한다고 할 수 있다.

넷째, 적응 기능(adjustment function)이란, 사람들의 태도는 항상 어떠한 보상(reward)은 최대화하고, 처벌(punishment)은 최소화하는 방향으로 향한다는 것을 의미한다. 특정 대상에 대해 갖는 태도는 바람직한 목표를 달성하고, 그렇지 못한 결과를 피하게 해주는 역할을 담당한다. 예를 들어, 술자리에서 평소 마시지 않던 소주를 마셨다가 주사와 숙취 때문에 안 좋았던 기억을 갖고 있는 사람이 있다고 하자. 앞으로의 술자리에서 그가 다시 소주를 마실 일은 거의 없을 것이다. 그는 웬만하면 소주 대신에 맥주를 마시려고 할 것이고, 부득이 소주를 마셔야 하는 자리라면, 전에 마셨던 그 브랜드의 소주만큼은 피하고자 할 것이다. 소주에 대한 부정적 태도를 형성함으로써, 이전의 창피하고 괴로웠던 경험을 피할 수 있을 것이라고 생각하기 때문이다.

2. 태도와 행동

사람들은 왜 태도와 행동을 바꾸는가, 무엇이 특정 태도를 형성하도록 하는가는 많은 학자들의 관심의 대상이 되어 왔다. 그 중에서 우리가 설득 커뮤니케이션을 이해하는 데 유용한 이론 몇 가지를 소개하면 다음과 같다.

1) 강화

인간의 행동과 발달은 선천적인 것이 아니라, 후천적인 학습과 경험에 의해 일어난다고 보는 '행동주의' 이론에 따르면, 사람의 행동을 변화시키는 데는 '강화'와 '처벌'이 효과가 있다는 것이 입증되어 왔다. 강화는 특정 행동의 빈도, 강도, 지속시간 등을 증가시키는 데 목표를 두는 것이고, 처벌은 이를 감소하는 데 목표를 두는 것으로, 강화는 바람직한 행동을 촉진하기 위해 사용되고, 처벌은 바람직하지 않은 행동을 줄이거나 없애기 사용되는 방법이다.

강화와 처벌은 각각 '정적 강화'와 '부적 강화', '정적 처벌'과 '부적 처벌'로 구분되는데, 여기서 '정적'이란 말은 특정 자극의 '제공'을, '부적'이란 말은 특정 자극의 '제거'를 의미한다.

정적 강화(positive reinforcement)는 특정한 자극을 제공함으로써 특정 행동의 빈도를 높이는 것이다. 예를 들어, 방 청소를 한 아이에게 칭찬을 해준다거나 용돈을 준다면, 그 아이는 계속해서 칭찬을 듣거나 용돈(정적 자극)을 받고 싶어서 방 청소(목표 행동)를 더 열심히(강화) 하게 될 것이다.

부적 강화(negative reinforcement)는 행동 후 특정 자극이 감소, 제거되도록 함으로써 결과적으로 목표 행동의 빈도를 높이는 것이다. 예를 들어, 숙제(목표 행동)를 잘 해오면 청소를 면제(부적 자극)해 주겠다고 했을 때, 앞으로 학생들은 하기 싫은 청소를 면제받기 위해서 숙제를 더 열심히(강화) 하게 될 것이다. 흔히 부적 강화는 처벌과 혼동하기 쉬운데, 처벌은 특정 행동을 줄이거나 그만두도록 하기 위한 것이지만, 강화는 특정 행동의 빈도를 높이기 위한 것이라 점에서 다르다.

정적 처벌(positive punishment)은 특정 자극의 '제공'이 특정 행동의 빈도를 낮추는 것을 말한다. 예를 들어, 친구와 자꾸 싸우는 아이로 하여금 그 행동을 그만 두게(목표 행동) 하려면, 아이가 친구와 싸울 때마다 벌(정적 자극)을 줌으로써 싸우지 않게(처벌) 할 수 있다.

부적 처벌(negative punishment)은 자극의 '제거'가 특정 행동의 빈도를 낮추는 것을 말한다. 예를 들어, 아이가 싸울 때마다 밖에 나가서 노는 것을 금지(부적 자극)함으로써, 싸우는 행동을 교정(목표 행동)할 수도 있다. 아이는 밖에 가서 놀지 못하게 되는 상황을 피하려고, 친구와 싸우는 일이 줄어들(처벌) 것이다.

한편, 강화는 강화를 언제, 어떻게 줄 것인지가 사람의 행동을 통제하는 데 특히 중요한 역할을 하며, 이를 '강화 계획'이라고 한다. 강화 계획은 목표한 행동이 나타날 때마다 강화를 제공하는 '연속 강화 계획'과 어떤 특정한 시간의 경과나 행동 빈도 이후의 반응에 대해서만 강화를 제공하는 '간헐 강화 계획'이 있으며, 이는 다시 '고정간격, 고

정비율, 변동간격, 변동비율'의 네 가지 종류로 나뉜다.

고정간격 강화(fixed interval reinforcement)는 강화를 주는 간격에 일정한 패턴이 있는 것을 말한다. 선행 강화 이후에 미리 고정시켜 둔 시간이 경과한 후 다시 강화를 주는 경우를 말한다. 고정간격 강화의 경우 수용자들은 강화의 간격을 예측하는 것이 가능하기 때문에 대체로 강화의 효과가 별로 높지 않으며, 강화가 일어나기 직전에 효과가 가장 높게 나는 경향이 있다. 대표적인 예는 월급으로, 월급은 강화, 근로는 목표 반응에 해당하고, 월급은 대체로 정해진 날짜에 나오므로 고정간격 강화에 해당한다. 또한 사람들은 대개 월급을 받을 때가 되면 힘이 나고, 더 열심히 일하게 된다.

변동간격 강화(variable interval reinforcement)는 임의로 정한 시간범위 내에서 어떤 평균시간을 중심으로 강화를 주되, 강화와 강화 간의 시간 간격이 일정하지 않고 변하는 경우를 말한다. 이는 고정 간격 계획보다는 높은 반응률을 낳는다. 약속 시간에 늦었는데 한참을 기다려도 버스가 오지 않을 때, 누구나 한 번쯤은 택시를 타야 되나 말아야 되나 고민을 해 본 적이 있을 것이다. 택시를 타자니 버스가 곧 도착할 것만 같고, 버스를 기다리자니 언제 올지도 모르는 버스를 마냥 기다릴 수도 없어서 망설이게 되는 이유가 바로 변동간격 강화와 관련된다. 버스 배차 시간은 정해져 있기 때문에 사람들은 버스가 반드시 오리라는 것은 안다. 다만, 중간에 여러 사정으로 인해 버스가 오는 간격이 일정하지 않기 때문에 조금만 더 기다리면 버스가 올 것은 기분이 드는 것이다.

고정비율 강화(fixed ratio reinforcement)는 정해진 횟수만큼 반응이 일어난 뒤에 강화를 주는 것을 말한다. 예를 들어, 심부름을 열 번하면 1,000원을 준다든가, 단어를 10개 외울 때마다 용돈을 주는 경우가 이에 해당한다. 이러한 유형의 강화는 사람들로 하여금 보다 많은 보상을 받기 위해 짧은 시간 안에 많은 반응을 하게 만드는 특성이 있다.

변동비율 강화(variable ratio reinforcement)는 강화를 받기 위한 반응수가 변화하는 것이다. 사람들이 도박에 빠지는 이유는 '언제 돈을 딸지 알 수 없기' 때문이다. 만약 매 여섯 번째 게임마다, 또는 10분 간격으로 돈을 따게 된다면 사람들은 도박에 빠져 들지는 않을 것이다. 한 번이라도 복권에 당첨된 사람이 복권에 한 번도 당첨되지 않은 사람보다 매주 복권을 살 확률은 높아진다.

2) 일관성

일관성 이론들은 사람들의 태도나 신념, 가치 또는 행동의 변화가 인지 요소들 간의 일관성을 회복하기 위해서라고 설명한다. 대표적인 일관성 이론으로 하이더의 균형 이론, 페스팅거의 인지부조화 이론이 있다.

(1) 균형 이론

균형 이론(balance theory)는 하이더(Heider, 1958)가 처음 제안한 것이다. 이는 한 사람과 두 개의 대상의 삼자 관계, 즉 'P(나)−O(대상1)−X(대상2)' 사이의 감정 관계를 균형 상태로 유지하려는 경향 때문에, 인간의 태도가 변화한다고 보는 이론이다.

이들 삼자 관계는 일반적으로 'P, O, X'를 꼭짓점으로 하는 삼각형으로 나타내고, 이들 사이의 감정 관계는 긍정적일 때 '+', 부정적일 때 '−'로 표시하며, 세 부호의 곱이 '+'이면 균형 상태, '−'이면 불균형 상태를 이루는 것으로 본다. 예를 들어, 나(P), 애인(O), 술(X)의 삼자 관계에서, 나와 애인은 서로 좋아하는 사이이므로, '+관계'이다. 이 때 나도

술을 좋아하고(+관계), 애인도 술을 좋아한다면(+관계) 이들 관계의 곱은
'+'가 되므로, 균형 상태가 되지만, 나는 술을 싫어하는데(-관계), 애인
은 술을 좋아한다면(+관계) 이들 관계의 곱은 '-'가 되므로, 불균형 상태
가 되는 것이다. 다음의 <그림1>은 균형 상태, <그림2>은 불균형 상
태를 나타낸 것이다.

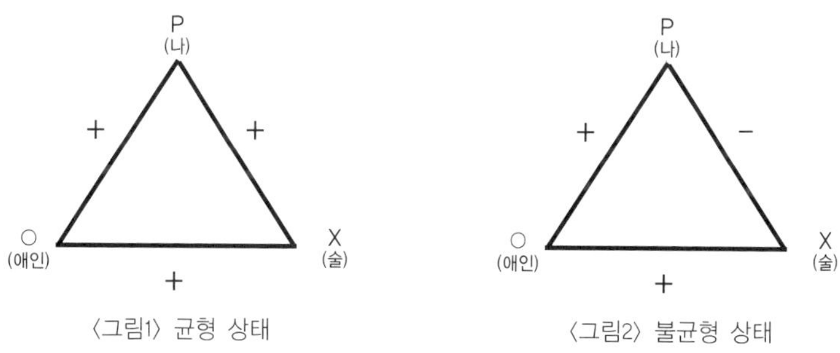

〈그림1〉 균형 상태　　　　〈그림2〉 불균형 상태

　불균형 상태를 해소하는 방법은 관계를 바꾸는 방법, 어떤 요소를 다
른 새로운 요소로 대체하는 방법, 관계 자체를 파괴하는 방법이 있다.
　첫째, 관계를 바꾸어서 불균형 상태를 해소하는 것은, 세 관계 중 하
나 이상의 관계를 바꿈으로써 곱한 값이 결국 '+'가 되게 하는 것이다.
이 때 몇 가지 관계를 바꾸는가, 어떤 관계를 바꾸는가를 결정하는가는
'최소노력의 원리'를 따른다. 즉, 관계를 바꾸는 데 있어서 가장 편한
방법을 사용한다는 것이다. 위의 예처럼 나는 술을 싫어하는데 애인이
술을 좋아하는 경우, 결과 값을 '+'로 만들어 균형 상태를 얻기 위해서
는, 나와 애인이 연인 관계를 포기하든가, 내가 술을 좋아하든가, 애인
이 술을 싫어하게 만들어야 할 것이다. 이 세 가지 방법 중, 나와 애인
이 연인 관계를 포기하는 것은 어려운 일이므로, 대부분의 경우 사람들
은 나머지 두 방법 가운데서 그나마 쉬운 방법을 선택하게 된다.

둘째, 어떤 요소를 다른 요소로 대체하여 불균형 상태를 해소할 수도 있다. 예를 들어, 내가 평소에 무척 좋아하는 배우가 커피 광고를 한다고 하자. 나는 평소에 A사의 커피를 즐겨 마셨는데, 내가 좋아하던 배우가 커피 광고 모델로 등장해서 B사의 커피를 마시라고 권한다면(〈그림 3〉, 〈그림4〉의 상태), 나는 A사의 커피 대신에 B사의 커피를 좋아함으로써 균형을 회복할 수 있다(〈그림5〉의 상태). 이는 광고에서 인기 연예인들을 모델로 쓰는 이유를 설명해 줄 수 있다.

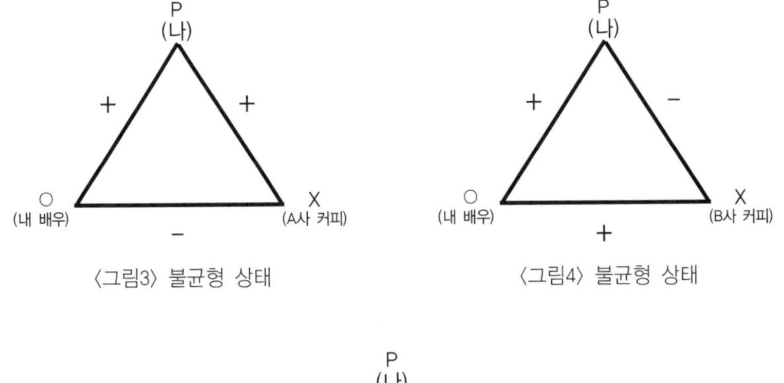

〈그림3〉 불균형 상태　　　　　　〈그림4〉 불균형 상태

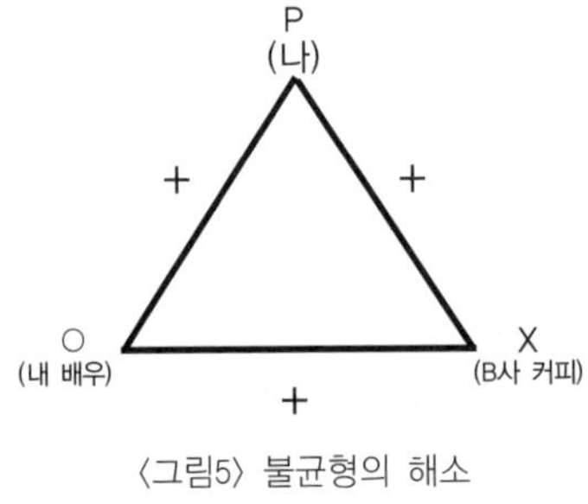

〈그림5〉 불균형의 해소

셋째, 관계 자체를 파괴함으로써 균형을 회복할 수도 있다. 예를 들어, 나는 술을 좋아하지 않는데, 내가 좋아하는 배우가 주류 광고 모델로 등장해서 맥주를 권한다고 하자. 나는 광고를 볼 때마다 불균형 상

태를 경험하게 될 것이다. 이 때 광고와 배우를 별개로 생각함으로써 불균형을 해소할 수 있다.

(2) 인지부조화이론

배가 고픈 여우가 포도를 물고 다리를 건너고 있었다. 그런데 실수로 그만 시냇물에 포도를 떨어뜨리고 말았다. 배가 고픈데 먹을 것을 잃어버리는 중대한 실수를 저지르고만 것이다. 이 때 여우는 "저 포도는 원래 신 포도라서 내가 싫어하는 거야. 떨어뜨리길 잘 했지 뭐."라고 하며 그 자리를 떠나버렸다.

이는 이솝우화에 나오는 이야기이다. 우리가 돌이킬 수 없는 중대한 실수를 했을 때, 어떻게 자신을 합리화하는가를 잘 보여주는 예화이다. 여우는 포도를 떨어뜨렸다는 실수에 따르는 불편한 마음을 해소하기 위하여 '포도를 원래 좋아하지 않았다.'고 생각을 조정하였다. 이러한 심리적 변화를 페스팅거(Festinger, 1957)는 인지부조화 이론(cognitive dissonance theory)[5]으로 설명한다.

인지부조화 이론이란 한 개인이 가지고 있는 두 개의 인지 요소가 조화를 이루지 못하면 이것이 부조화라는 긴장 상태를 일으켜서 마음이 불편해지는데, 사람들은 이 불편한 마음을 해소하여 조화 관계를 회복하기 위한 동기를 활성화한다는 것이다. 예를 들어 '나는 김연아가 좋다.'와 '김연아는 최고의 피겨스케이팅 선수이다.'라는 두 생각은 조화를 이룬다. '나는 야식을 좋아한다.'와 '야식은 비만을 야기한다.'라는 두 생각은 서로 양립하기 어려우므로 부조화를 이룬다. 그런데 '김연아는 최고의 피겨스케이팅 선수이다.'와 '야식은 비만을 야기한다.'라는 두 생각은 서로 연관이 없는 생각이므로, 조화/부조화와 아무 상관없다.

사람들이 인지부조화를 해소하는 방법은 크게 두 가지로 나누어 볼 수 있다. 하나는 외적인 행동을 바꿈으로써 인지부조화를 극복하는 것이고, 다른 하나는 내적인 인지, 즉 생각을 바꿈으로써 인지부조화를 극복하는 방법이다. 외적인 행동을 바꾸는 것은 행위의 철회를 의미한다. 내적인 생각을 바꾸는 것은 어떤 행동을 하게 된 원인을 스스로의 의사결정이 아닌 외부적 영향 때문으로 돌리거나, 자신의 선택에 대한 매력은 증가시키고, 선택하지 않은 것의 매력을 감소시키는 것 등을 의미한다.

사람들은 어떤 행동을 바꿀 때, 자존심이나 자기 이미지를 손상시키지 않으면서도 노력이 덜 드는 손쉬운 방법을 택하고 싶어 한다. 그런데 행동을 바꾸는 것은 생각을 바꾸는 것보다 훨씬 더 많은 노력이 들고, 자신의 실수를 인정하는 것으로 비춰질 수 있어서 자기 개념을 손상시킬 수 있다. 따라서 사람들은 행동을 바꾸는 것보다는 생각을 바꾸는 쪽을 선택하게 되는데, 이것은 결국 이미 자신이 행한 행동에 대한 정당화로 이어진다. 예를 들어서, 당신이 인터넷을 통해 고가의 명품 가방을 싸게 구입했다고 하자. 그런데 친구가 인터넷에서 산 물건은 진품이 아닌 경우가 많으며, 마침 백화점 특별 세일 기간이라서 자신이 당신보다 싼 가격에 가방을 구입했다는 얘기를 듣는다면, 당신은 인지부조화를 겪게 된다. 품질과 가격에 대해 스스로가 알고 있는 사실과 전달받은 사실이 불일치하기 때문에 마음이 불편해지는 것이다. 이 경우 가방의 구매를 취소한다면, 이는 외적 행동으로써 인지부조화를 해소하는 것이 된다. 그런데 본인 스스로가 그 제품을 구입하기 전에 많은 노력을 기울였을수록 구매를 취소할 확률은 낮다. 가방의 가격이 얼마인지부터 시작해서, 가방을 판매하는 쇼핑몰이 얼마나 신뢰도가 높은지 등등 가방을 구입하기 전에 며칠 동안 많은 노력을 기울여서 신중하게 가방을 구입했다면, 구매를 취소하기보다는 친구의 의견을 믿지 않는 쪽으로 생각을 바꿀 확률이 더 높다. '백화점에 왔다 갔다 하는 시간이며, 기름 값을 따져보면 친구가 나보다 싸게 산 것은 아니다. 친구가 마침 백화점 특별 세일을 만나서 그런 것이지, 원래 백화점에서 판매되는 가격은 확실히 내가 구매한 가격에 비해 훨씬 높다. 보증서가 확실하니 내가 산 가방은 명품이 확실할 것이다.' 등 생각에 변화를 줌으로써 자신의 행동을 정당화하게 된다는 말이다.

인간은 일관성을 유지하려는 강력한 경향을 가지고 있다. 그런데 인간은 자신의 태도나 신념과는 다른 행동을 하는 경우가 많고, 이런 행동들은 인지부조화를 낳기 쉽다. 이 때 이미 이루어진 행동은 철회하기 어려운 경우도 많고, 행동을 철회했을 때 손해를 유발하는 경우들이 많다. 게다가 자신의 행동이 잘못되었다는 인지는 자기 자신에 대한 긍정적 이미지를 깨뜨리게 된다. 따라서 사람들은 행동을 바꾸려 하기보다는 인지구조를 바꿈으로써 자신의 행동을 정당화하게 되는 것이다. 이는 결국 특정 행동의 결과로 신념이나 태도가 바뀔 수 있다는 것을 의미한다.

3) 자기지각 이론

우리는 흔히 자신의 태도가 행동을 규정한다고 생각한다. 예를 들어 자신이 보라색을 좋아하기 때문에(태도), 보라색 옷을 산다(행동)고 생각한다는 것이다. 이러한 생각은 태도가 행동을 예측하게 해준다는 태도 연구의 기본 입장이다. 그러나 심리학자 브렘(D.J.Bem)은 사람들은 자기 자신이나 타인의 행동을 통해 이전에는 미처 파악하지 못했던 자신의 태도를 이해하게 된다고 주장하였다. 이를 자기지각 이론(Self-perception Theory)[6]이라 하는데, 사람들은 사실상 자신의 태도에 대해 잘 모르는 경우가 훨씬 많으며, 행동을 유발한 자신의 태도가 무엇인지를 분명히 말할 수 없을 때, 오히려 자신의 행동에 근거해 자신의 태도를 결정한다고 보는 것이다. 즉, 자신의 옷장에 보라색이 많은 것을 보면서, '아, 내가 보라색을 좋아하나보다.' 하고 생각할 수도 있다는 것이다.

한 실험에서 A집단에게는 머리를 상하로 흔들도록 요구하고, B집단에게는 머리를 좌우로 흔들도록 요구한 상황에서, 어느 집단이 타인의 주장에 동의를 잘 하는가를 연구하였다. 실험 결과, A집단이 B집단보다 타인의 주장에 더욱 동의를 잘하는 경향을 드러냈는데, 이는 행동이 태도의 결정에 영향을 준 예라 하겠다.

다음의 두 유형의 질문을 주었을 때, A에 대답을 한 사람들과 B에 대답한 사람들 중에서 자기 자신을 '준법적인 사람'이라고 생각할 확률은 누가 더 높을까? B에 대답한 사람들이 스스로를 '준법적'이라고 생각할 가능성이 더 크다. A는 '언제나'라고 묻기 때문에 사람들이 '아니요'라고 대답할 가능성 높다. 반면에 B는 '때때로'라고 묻기 때문에 '예'라고 대답할 가능성이 높다. 여기서 주로 B에 대답한 사람들이 스스로를 준법성이 높다고 생각하게 되는 이유를 찾을 수 있는데, 이들은 '준법성'과 관련한 질문에 계속해서 '예'라고 대답했기 때문에 스스로 준법성이 높다고 생각하게 되는 것이다.

A.	나는 언제나 초록불이 깜빡일 때 횡단보도를 건너지 않는다.	예 / 아니요
	나는 언제나 길에 버려진 쓰레기를 줍는다.	예 / 아니요
	나는 언제나 지하철 안전선을 정확히 지킨다.	예 / 아니요
	나는 언제나 버스나 지하철의 지정석을 지킨다.	예 / 아니요
	나는 언제나 지하철에서 큰 소리로 전화를 하지 않는다.	예 / 아니요
	…	…

B. 나는 때때로 초록불이 깜빡일 때 횡단보도를 건너지 않는다.   예 / 아니요
    나는 때때로 길에 버려진 쓰레기를 줍는다.   예 / 아니요
    나는 때때로 지하철 안전선을 정확히 지킨다.   예 / 아니요
    나는 때때로 버스나 지하철의 지정석을 지킨다.   예 / 아니요
    나는 때때로 지하철에서 큰 소리로 전화를 하지 않는다.   예 / 아니요
    …   …

4) 귀인

귀인(歸因)이란 원인을 찾는다는 말이다. 사람들은 일반적으로 어떤 행동에 대하여 왜 그런 행동을 했는지를 궁금해 한다.

스톰과 니벳이라는 심리학자는 귀인을 설명하기 위한 한 가지 실험을 전개하였다. 그들은 불면증 환자를 두 집단으로 나눈 뒤, A집단에게는 '신경 안정제'라고 하면서 가짜 약을 주고, B집단에게는 '흥분제'라고 하면서 가짜 약을 준 뒤, 이를 먹도록 하였다. 이는 A집단은 자신이 신경 안정제를 먹었다고 생각하도록 하고, B집단은 자신이 흥분제를 먹었다고 생각하도록 한 것이다. 그러고 나서 잠을 자도록 요청하였다. A집단과 B집단 중 평소보다 더 잘 자게 된 집단은 누구일까? 우리는 대개 A집단 잠을 더 잘 잤다고 예측한다. 왜냐하면 그들은 자신들이 신경 안정제를 먹었다고 알고 있기 때문에 플라시보 효과 때문에 잠을 더 잘 잤을 것으로 예상하는 것이다. 그러나 결과는 정반대였다. A집단보다는 흥분제를 먹었다고 알고 있는 B집단이 잠을 더 잘 잤다.

A집단	숙면효과	B집단
신경 안정제	A 〈 B	흥분제

이러한 결과가 나온 이유는 무엇일까? B집단의 사람들이 자신이 잠을 자지 못하는 이유를 흥분제를 먹었기 때문이라고 생각했기 때문이다. 불면의 이유를 약에 '귀인'시킴으로써, 평소에 잠을 방해했던 내적 요인인 불면증에 대한 귀인의 강도가 약해져서 평소보다 잠을 잘 수 있었던 것이다. 반면에 A집단은 신경 안정제를 먹었는데도 잠을 못 자는 것은 자신이 원래 불면증이 있기 때문이라고 생각했기 때문에 잠을 잘 수 없었던 것이다.

이처럼 귀인은 자신이나 타인의 행동에 대해 그 행동의 원인이 무엇인지를 따져서 자신의 태도를 형성하는 심리적 메커니즘으로서, 사람들이 관찰된 행동의 원인을 추리할 때 사용하는 규칙을 발견하고 설명하려는 데 목적이 있으며, 귀인의 결과가 태도나 행동의 변화를 가져오기도 한다.

귀인의 일반적인 형태는 사람의 행동을 그 사람의 성향, 동기 등의 탓으로 돌려 설명하는 '내부 귀인(성향·기질 귀인)'과 상황이나 환경 속에 있는 상황적 요인들 탓으로 돌려 설명하는 '외부 귀인(상황 귀인)'의 두 차원에서 이루어진다. 예를 들어, 누군가가 기말 시험에서 0점 맞았다고 하자, 이에 대해 어떤 이는 '걔가 원래 공부를 하지 않는 게으르고 멍청한 애'라서 0점을 맞았다고 생각할 수 있고, 다른 이는 '시험공부를 할 수 없는 피치 못할 사정이 있어서' 0점을 맞았다고 생각할 수도 있다. 전자는 내부 귀인을 한 것이고, 후자는 외부 귀인을 한 것이다.

다양한 귀인 이론 가운데 유명한 것으로, 해럴드 켈리(Harold. H. Kelly, 1967)의 공변모형(covariation model)이라는 것이 있다. 이는 사람들이 어떤 행동에 대하여 귀인을 할 때, '행위자(person), 자극(실체, entities), 맥락(circumstarnce)'의 세 가지 차원의 영향을 받으며, 귀인 판단은 '특이성, 일관성, 합의성'의 정보를 근거로 한다는 이론이다. 사람들은 특이성,

일관성, 합의성이 높은 행동에 대하여는 그 행동의 원인을 '자극'에서 찾고, 특이성은 높지만 일관성과 합의성이 낮은 행동에 대하여는 '상황'에서 그 요인을 찾으며, 일관성은 높지만 특이성과 합의성이 낮은 행동은 '행위자'에서 그 요인을 찾게 된다고 한다.[7]

특이성 (distinctiveness) 그 대상에게만 그렇게 행동하는가?		일관성 (consistency) 동일한 상황에서 늘 그렇게 행동하는가?		합의성 (consensus) 다른 사람도 그렇게 행동하는가?	
고	저	고	저	고	저
다른 대상에게는 그렇게 행동 않음	다른 대상에게도 그렇게 행동함	늘 그렇게 행동	거의 그렇게 행동하지 않음	동일한 행동을 하는 사람이 많음	동일한 행동을 하는 사람이 적음

예를 들어, 철수가 한 영화를 보면서 울었다는 사실에 대하여 그가 운 이유를 찾고자 할 때, 사람들은 아래의 A와 B의 경우에 있어, 각기 다른 곳에서 그 이유를 찾게 될 것이다.

A : 철수는 다른 영화를 볼 때는 울지 않았다. (높은 특이성)
  철수는 그 영화를 볼 때마다 울었다. (높은 일관성)
  다른 사람들도 그 영화를 볼 때 울었다. (높은 합의성)

B : 철수는 다른 영화를 볼 때도 울었다. (낮은 특이성)
  철수는 그 영화를 볼 때마다 울었다. (높은 일관성)
  다른 사람들은 그 영화를 보며 울지 않았다. (낮은 합의성)

A는 특이성, 일관성, 합의성이 모두 높은 경우로, 사람들은 철수가 운 이유에 대해 '그 영화가 정말 슬펐다 보다'라고 '실체'에서 그 원인

을 찾는다. B는 일관성은 높지만, 특이성과 합의성이 낮은 경우로, 사람들은 철수가 운 이유를 '철수'에게서 찾는다. 즉, '철수가 원래 영화를 보고 잘 우는 사람'이라서 운 것으로 생각한다는 말이다.

한편, 어떤 결과에 대한 원인을 규정하는 데서 오류가 생길 수도 있는데, 이를 귀인 오류라고 한다. 귀인 오류를 증명하는 유명한 실험으로 더튼(Donald Dutton)과 아론(Arthur Aron)의 '흔들다리' 실험이라는 것이 있다. 캐나다의 카필라노 계곡에 있는 높이 최대 70m, 길이 13m의 카필라노 현수교는 흔들리는 쇠줄에 잘 휘어지는 나무판자로 만들어진 보행자 다리로, 사람이 건너면 흔들린다. 위 아래로 불안하고 위태롭게 휘청거리는 것은 물론, 다리 아래로는 울퉁불퉁한 협곡 사이로 급류가 흐르고 있는데다가, 다리의 철제 난간은 성인의 겨드랑이 높이 정도밖에 되지 않는다. 다리를 건널 때 머리카락이 곤두설 만큼의 아찔함을 견뎌야만 하는데, 일부러 이 다리를 건너기 위해 해마다 75만 명의 사람들이 모여든다고 한다. 실험은 18~35세 사이의 남성들을 대상으로 진행되었다. 카필라노 현수교를 방금 건너온 남성들에게 여성 실험자가 접근하여 '자연 경관이 창조성에 미치는 영향'에 대한 설문을 실시한 뒤, 전화번호를 적은 메모를 건네주면서 실험에 대해 좀 더 알고 싶다면 전화를 하도록 하였다.(A집단) 비교를 위하여 강 하류에서도 동일한 여성 실험자가 동일한 실험을 진행하였다.(B집단) 실험이 끝난 후 며칠 동안 이 여성 실험자는 A집단에게서 네 배나 많은 전화를 받았다. B집단으로부터 걸려온 전화는 13%밖에 되지 않았다.[8] 이러한 차이가 나타난 이유는 무엇일까? 이는 자신에게 일어난 흥분상태가 사실은 흔들다리 때문인데도 그걸 자신 앞의 여성 때문이라고 생각해버렸기 때문에 발생한 것으로 해석된다. 즉, 사람들은 자신을 흥분 상태로 만든 원인이 따로 있는데도 그 원인을 상대에게 귀인함으로써 이를 상대에 대한 심리적 호감으로 여기게 된다는 것이다. 좋아하는 사람과 연인으로 발전하고 싶다면 공포 영화를 보거나 무서운 놀이기구를 함께 타라는 조언을 한 번쯤 들어봤을 것이다. 이 또한 귀인 오류를 통해 호감을 유발하기 위한 방법이다.

이러한 귀인 오류는 '근본적 귀인 오류, 이기적 편향, 통제력 착각'의 세 가지 종류가 있다. 근본적 귀인 오류(fundamental attribution error)는 성공을 했을 때는 자신의 역할이나 영향을 높게, 상황이나 다른 사람의 영향을 낮게 평가하는 반면, 실패했을 때는 문제를 야기한 사람의 책임으로 돌리고, 오히려 자신이 없었다면 큰일 날 뻔했다는 식으로 생각하는 것을 말한다. 자신의 잘못된 행동은 상황 탓으로 돌리고, 타인이 잘못된 행동을 했다면 원래 그런 사람이라서 그런 행동을 했다고 생각하는 것도 근본적 귀인 오류의 예에 해당한다. 이기적 편향(self-serving bias)은 일반적으로 사람들은 성공을 하면 자기 자신이 잘나서 그런 것이고, 잘못은 다른 사람이나 외부의 상황 탓으로 돌리는 것을 말한다. 자신의 장점은 대단한 것이지만, 자신의 단점은 누구에게나 있는 대수롭지 않은 것으로 생각하려는 경향을 말한다. 통제력 착각(illusion of control)은 세상에 대한 개인의 통제력을 과대평가하여 무엇이든 처리할 수 있다고 생각하고, 우연이나 통제 불가능한 일은 없다고 보는 것을 말한다.

3. 설득의 효과

설득을 논의하는 데 있어서 가장 중요한 문제는 '어떻게 하면 좀 더 잘 설득할 수 있는가', 즉, '어떻게 하면 수용자가 잘 설득되도록 할 것인가'의 문제가 될 것이다. 설득은 인간의 태도나 행동의 변화를 목적으로 하는 통합적이고 역동적인 커뮤니케이션 활동이므로, '설득되었다'는 것은 인간의 태도와 행동에 변화가 일어났다는 것을 의미한다. 또한 이러한 설득의 목적과 관련한 결과적 측면을 '설득의 효과'라고 할 수 있을 것이다. 효과라는 말은 어떤 목적을 지닌 행위에 드러나는 보람이나 좋은 결과를 의미하기 때문이다.

설득의 효과를 어디까지 볼 것인가에 대한 논의는 학자들에 따라 매우 다양하다. 효과의 본질에 대한 관점이나 견해상의 차이가 있기 때문이다. 이러한 견해 상의 차이는 수용자의 반응의 단계, 생산자의 의도성, 결과의 지속성의 문제와 관련해서 살펴볼 수 있는데, 이들 각각을 좀 더 구체적으로 살펴보도록 하겠다.[9]

1) 수용자 반응 단계에 따른 효과의 범위

설득 커뮤니케이션에 있어서 자극(메시지)을 받은 수용자들은 '주의(attention) → 지각(perception) → 이해(comprehension) → 학습(learning) 또는 정보 습득(information gain) → 태도 변화(attitude change) → 파지(retention) → 외적 행동(overt behavior)'의 단계로 이루어진 반응을 하게 되는 것으로 이해된다.

설득의 효과에 대해 논의하는 데 있어서 이러한 여러 단계의 반응과 관련한 문제는, 이들 중 어떤 단계의 반응부터를 효과로 규정할 것인가 하는 것이 된다.

어떤 단계부터 효과로 규정할 것인가에 대해서 학자들의 입장은 크게 두 가지로 나뉘는데, 주의 단계의 반응부터를 효과로 보려는 학자들이 있는 반면에, 학습이나 태도 변화 단계부터를 효과로 보려는 학자들이 있다. 여기서 일반적으로 타당성 있게 받아들여지는 견해는 '학습'이나 '태도 변화' 단계부터를 효과로 보아야 한다는 것이며, 이 중에서도 설득 커뮤니케이션에 있어서 가장 주목해야 하는 효과는 '태도 변화'가 되어야 한다. 설득이라는 것이 단순히 어떤 정보를 습득시키려는 데 목적이 있는 것이 아니라, 수용자들의 태도를 변화시키고 나아가서는 그들로부터 어떤 행동을 유발시키려는 데 목적이 있기 때문이다.

그러나 설득의 대표적인 유형인 광고에서 <주목 효과>라 하여 '주의'의 단계에서부터 효과의 중요성을 살피는 경우가 있는 것처럼, 주의 단계에서부터의 반응 효과를 아주 무시할 수는 없다. 차배근 외(1992)에서는 이러한 측면을 반영하여 수용자의 반응 단계와 관련한 효과의 측면을 '과정적 효과'와 '궁극적 효과'의 두 가지 유형으로 구분하고 있다. 전자는 주의, 지각, 이해의 반응단계까지를 말하며, 후자는 태도 변화와 행동 유발 반응을 의미한다.

2) 생산자의 의도에 따른 효과의 범위

설득 커뮤니케이션에 있어서 메시지에 대한 수용자의 반응은 이것이 애초에 생산자가 의도했던 것인가, 의도하지 않았던 것인가에 따라 나누어볼 수 있다. 전자를 '현재적 효과'(manifest effects)라고 하고, 후자를 '잠재적 효과'(latent effects)라고 하는데, 효과의 논의에 있어서 현재적 효과만을 효과의 논의에 포함시킬 것인가, 잠재적 효과까지도 포함시킬 것인가에 대해 학자들 간에 의견의 차이가 있다.

설득 커뮤니케이션 행위를 실제로 수행하고 있는 사람들이나 그것을 실용적인 입장에서 연구하고 있는 학자들은 대체로 생산자가 미리 의도했던 태도 변화나 외적 행동의 유발이나 획득만을 설득 커뮤니케이션의 효과로 본다.

그러나 이와는 달리, 설득 커뮤니케이션 현상을 과학적 입장에서 연구하고 있는 사람들은 비의도적인 반응까지도 효과에 포함시킨다. 그것이 애초에 의도한 것이든, 의도하지 않은 것이든 간에 그것이 설득 커뮤니케이션의 결과로 야기된 '효과'라는 점에서 의의를 지닌다고 보는 것이다. 또한 설득 커뮤니케이션을 학문적으로 연구할 경우에는 그것이 개인이나 사회에 대하여 미치는 모든 현재적 및 잠재적 효과나 영향들이 모두 연구대상에 포함될 수 있기 때문에 잠재적 효과를 효과의 논의에 포함하는 것은 중요한 의의를 갖는다.

3) 누적성과 관련한 효과의 범위

설득 커뮤니케이션 효과는 하나의 특정한 설득 커뮤니케이션의 단일하고 직접적 결과로서 나타나게 될 수도 있고, 장기적이고 누적적인 영향을 미칠 수도 있다.

실제의 커뮤니케이션 행위자들이나 그것을 실용적 입장에서 연구하는 사람들은 특정의 단일 설득 커뮤니케이션 캠페인의 결과 내지는 그 영향만을 설득의 효과로 간주하려는 경향이 있다. 그러나 설득 커뮤니케이션 현상을 보다 폭넓게 고찰하기 위해서는 장기적이고 누적적인 영향도 그 효과의 논의에 포함시켜야 할 것이다.

4) 효과의 유형

이상에서 효과의 범위와 관련된 문제들을 간단히 살펴보았는데, 효과의 범위 또는 유형을 살펴보는 것은 설득 커뮤니케이션의 효과의 본질을 이해하고, 이를 토대로 보다 설득의 효율성을 높일 수 있다는 차원에서 논의의 의의가 있을 것이다. 지금까지의 논의를 바탕으로 효과의 범위(유형)를 정리하면 다음과 같다.

첫째, 수용자의 반응 단계와 관련하여서는 '과정적 효과'와 '결과적 효과'로 나눌 수 있다.

둘째, 생산자의 의도와 관련하여서는 '현재적 효과'와 '잠재적 효과'로 나눌 수 있다.

셋째, 그것이 사회적으로 긍정적인 것이냐, 부정적인 것이냐에 따라 '정기능적인 효과'와 '역기능적인 효과'로 나눌 수 있다.

넷째, 단일 설득 커뮤니케이션의 직접적 결과인가 다른 설득 커뮤니케이션과의 복합적인 결과인가에 따라 '직접적 효과'와 '누적적 효과'로 나눌 수 있다.

다섯째, 효과의 지속 기간에 따라 '단기적 효과'와 '장기적 효과'로 나눌 수 있다.

– 다음의 분석을 참고하여, 광고의 실제 사례들을 '강화' 또는 '일관성' 차원에서 분석해보자.

▌광고 속 인지부조화

닥터유 에너지바 2011.04.15.

위의 광고는 인지부조화를 이용하여 제품 구매를 유도하는 광고이다. 광고에서는 헬스클럽, 수영장, 집, 심지어 버스 안에서까지 열심히 운동을 하고 있는 사람들을 보여준다. 그러고 나서 '이래놓고 아무거나 먹을 순 없다.'라며 '에너지바'를 먹는 모델의 모습을 보여준다.

일반적으로 운동을 하는 것과 군것질을 하는 것은 사람들에게 부조화를 유발하는 모순된 행동이다. 운동을 하는 것은 건강에 도움이 되는 행동이지만 군것질을 하는 것은 건강을 해치는 행동이기 때문이다.

그런데 광고에서 '아무거나 먹을 순 없잖아.'는 '이건 먹어도 괜찮다.'는 의미를 전달한다. 그 근거로서 견과류와 berry가 듬뿍 들어가 있음을 밝히고 있다. 견과류와 berry가 건강에 좋다는 것은 널리 알려진 사실이기 때문에, 수용자들이 '에너지바 = 건강을 고려한 간식'이라는 메시지를 받아들이는 것은 크게 어려운 일이 아니다. 이러한 메시지를 받아들이게 되면 수용자들에게 '에너지바'만큼은 인지부조화를 유발하지 않는 대상이 된다. 건강을 위해 운동을 열심히 하면서도 군것질의 유혹에서 갈등하는 수용자들의 인지부조화를 말끔히 해소해주게 되는 것이다.

1 차배근 외, 1992, 『설득 커뮤니케이션 개론』, 나남출판, p.144 참고.

2 김완석, 2000, 『광고심리학』, 학지사, pp.232~233 참고.

3 김완석, 위의 책, pp.234~236 참고.

4 김영석, 2005, 『설득 커뮤니케이션』, 나남출판, p.51 참고.

5 캐서린 콜린 외, 2012, 『심리의 책』, 지식갤러리, pp.166~167 참고.

6 박기철, 2002, 『세상에서 가장 쓴 광고책』, 커뮤니케이션북스, pp.57~58 참고.

7 김영석, 2014, 「부정적 언론보도에 대한 스포츠 조직의 전략적 대응방안」, 서울대학교 박사학위 논문, pp.37~42 참고.

8 샘 소머스, 2012, 『무엇이 우리의 선택을 좌우하는가』, 청림출판, pp.262~265 참고.

9 '3. 설득의 효과'와 관련된 전체 논의는, 차배근 외, 위의 책, pp.176~180 참고.

제7장 설득의 법칙*

사람들은 왜 다른 사람에게 설득되는가? 지금까지 이 문제에 대한 답을 얻기 위하여 설득 커뮤니케이션을 구성하는 각각의 요소별로 그 이유를 살펴보았다. 어떤 생산자가 수용자를 보다 잘 설득할 수 있는지, 수용자의 어떤 측면을 예측하는 것이 설득을 더욱 용이하게 만드는지, 메시지를 어떻게 구성하고 전달하는 것이 더 효과적인지에 대해 살펴보았다. 이번에는 인간의 심리의 측면에서 설득의 이유를 찾고자 한다.

우리의 마음이 움직이는 이유를 인간 심리에 작용하는 여섯 가지 법칙을 중심으로 설명할 것인데, 이는 지금까지의 논의에서 다루어졌던 것들과 중복되는 내용도 있을 것이고, 미처 다루어지지 못했던 내용도 포함될 것이다.

---

* 인간 심리와 설득의 관계에 대한 이 장의 논의는 로버트 치알디니의 『설득의 심리학』(Robert B. Cialdini, 2001)을 바탕으로 하여, 필자의 견해와 해석을 추가한 것임을 밝히는 바이다. 본문의 체제가 여섯 가지 설득의 법칙으로 구성된 것은 치알디니(2001)의 체제를 따랐기 때문이며, 본문에서 언급된 예들은 치알디니(2001)에서 언급된 내용을 바탕으로 재정리한 것과 필자가 새롭게 추가한 것들이 혼재되어 있다.

1. 상호성의 법칙

상호성의 법칙이란, 사람들은 누구나 다른 사람이 베푼 호의에 대하여 갚아야 한다는 생각을 지니고 있다는 것이다. 간단히 말해서, '내가 이만큼 했으니 너도 이만큼 해라.' 또는 '네가 이만큼 했으니 나도 이만큼 해야 되겠구나.'하는 심리를 말하는 것이다. 인간의 마음에 상호성의 법칙이 작용하는 이유는 서로에게 호의적인 관계가 인류의 발전에 긍정적인 기여를 했다는 믿음에서 출발한다. 하나의 사회를 구성하고 사는 사람들에게 다른 사람과 협력하고 호의적으로 대하는 것이 그렇지 않은 것보다 훨씬 긍정적인 가치를 지닌다는 것은 인류 진화의 역사를 통해 쉽게 확인된다.

상호성의 법칙이 설득의 도구로서 얼마나 유용한가 하는 것은 심리학자 리건(Regan, 1971)의 연구[1]를 통해 살펴볼 수 있다. 리건은 피실험자들을 둘씩 짝 지은 뒤, 다양한 그림을 감상하고 그것에 대해 평가하도록 하였다. 이 때 피실험자 중에는 리건의 실험조교 A군이 함께 참여하였는데, 실험은 A군이 다른 피실험자들에게 호의를 베푸는 경우와 그렇지 않은 두 가지 상황에서 진행되었으며, 호의를 베풀고 베풀지 않은 것 외에 나머지 상황은 모두 동일하게 진행되도록 하였다. A군은 쉬는 시간에 잠시 자리를 비운 뒤 2병의 음료수를 들고 와서, "옆방에 갔더니 콜라가 있길래 마셔도 되냐고 물었더니 그러라고 해서 네 것도 가져왔어. 자! 마셔."하며, 피실험자가 요청하지 않은 호의를 베풀기도 하고, 아무런 호의를 베풀지 않기도 했다. 그림에 대한 평가가 끝나기 전, A군은 동료 피실험자에게 25센트의 기숙사 자선모금 행운권을 판매하였다. 실험 결과, 약간의 호의를 받은 피실험자들은 아무런 호의를 받지 않은 피실험자들보다 행운권을 더 많이 구입했다. 리건은 또 다른 실험에서 상대방에 대한 호감이 승낙을 얻어내는 데 미치는 영향에 대해서도 연구하였는데, 위 실험의 첫 번째 경우와 같이 상대방에게 호의를 받은 경우에는 상대방에 대한 호감도와는 상관없이 행운권을 구입하는 것으로 드러났다. 이 실험을 통해 우리는 상호성의 법칙이 상대방의 승낙을 쉽게 얻을 수 있도록 해준다는 것을 알 수 있다.

상호성의 법칙을 이용하여 상대방의 승낙을 얻어내려는 시도는 우리 주변에서도 흔히 찾아볼 수 있다. 예를 들어, 대형 마트에서 시식 코너를 활용하는 것은 상호성의 법칙을 이용한 판매 전략이다. 많은 사람들은 공짜 음식을 먹고 나서 그냥 지나치는 것을 굉장히 미안하게 생각하는 경향이 있으며, 이러한 감정은 사람들로 하여금 물건을 구매하도록 한다. 다른 사람에게 부탁할 일이 있는 경우에도 상호성의 법칙을 활용할 수 있는데, 상대방에게 사탕 한 알, 커피 한 잔 등 사소하면서도 작은 선물을 하고 나서 부탁을 하게 되면, 그 사람이 부탁을 들어줄 확률은 사소한 선물을 하지 않았을 때보다 훨씬 높아진다.

1) 일보 후퇴, 이보 전진 전략

이러한 상호성의 법칙은 양보의 상황에도 적용될 수 있다. 상대방에게 한 번 거절을 하게 되면, 다음의 부탁에도 거절을 하기가 쉽지 않다. 계속되는 거절이 미안한 감정을 유발하기 때문에 결국 한 번은 승낙을 하게 마련이다. 따라서 상대방에게 원하는 요청이 있을 때, 먼저 무리한 부탁을 하여 상대방에게 거절을 유도하고 나서 본래 원하던 요청을 제시하면 대부분의 경우 그 부탁은 수락된다. 예를 들어, 친구가 아끼는 노트북이 있다고 하자. 그 친구에게 노트북을 하루만 빌려달라고 하면 승낙을 받을 확률은 거의 없다. 친구가 거절을 할 때, 다시 노트북을 반나절만 빌려달라고 제안하라. 그래도 거절을 한다면, 다시 발표 수업에서 사용할 수 있도록 2시간만 빌려달라고 요청하라. 아마 그 친구는 마지못해 노트북을 빌려주게 될 것이다. 비록 그것이 흔쾌한 수락은 아닐지라도 발표 수업에서 노트북을 사용하려는 당신의 목표는 달성하게 되는 것이다. 이처럼 처음의 거절로써 두 번째의 승낙을 이끌어내는 것을 '일보 후퇴, 이보 전진 전략'(rejection then retreat technique), 또는 '머리부터 들어가기 전략'(door in the face technique)이라고도 한다. 단 한 가지 주의할 것은 첫 번째 부탁이 터무니없이 큰 부탁이어서는 안 된다는 점이다.

2) 인식의 대조 효과

한편 위의 상호성의 법칙에는 '인식의 대조 효과'가 함께 작용하였다. 양손을 찬물과 뜨거운 물에 잠시 담갔다가 두 손을 모두 미지근한 물에 담갔을 때, 우리의 양손은 동일한 물의 온도를 다르게 감지하게 된다. 찬물에 담갔던 손은 미지근한 물을 실제보다 더 따뜻하게 느끼는 반면, 뜨거운 물에 담갔던 손은 미지근한 물을 실제보다 더 차갑게 느낀다. 이것이 바로 인식의 대조 효과(the contrast principle)이다. 위의 예에서 노트북을 하루 동안 빌려달라는 것보다는 2시간만 빌려달라는 것이 훨씬 작은 요청으로 느껴지도록 하기 때문에 요청을 수락하는 데 영향을 끼쳤다고 보는 것이다. 대조 효과는 차례로 제시된 두 사물의 차이점을 인식하는 데 있어서도 작용한다. 처음의 제시된 것이 나중에 제시된 것과 큰 차이를 보일 때, 실제 차이보다 훨씬 크게 인식하게 되며, 이 때 대조 효과의 정반대 현상인 동화 효과가 나타나기도 한다.

다음의 무게 추 실험[2]은 인간의 인식에 영향을 미치는 대조 효과와 동화 효과의 힘을 잘 보여준다.

실험은 55g, 75g, 95g, 115g, 135g, 155g짜리 무게 추 각각 50개씩 총 300개를 주고, 이들을 무게 순으로 늘어놓으라는 요청을 받았을 때, 사람들이 어떻게 정보를 처리하는가에 대한 것이었다.

실험을 위해 우선 사람들은 A,B,C 세 집단으로 나뉘었다. A그룹은 서로 무게 추를 들어보아 비교를 한 뒤 추를 배열하도록 하였고, B집단은 추를 배열하기 전에 305g의 무게 추를 들어보도록 하였다. C집단은 추를 배열하기 전에 155g의 추를 들어보도록 하였다.

실험 결과, 서로 다른 무게 추들을 들어 보아 비교한 뒤 추를 배열하도록 한 A집단은 추를 무게 순으로 배열하는 데 별로 어려움이 없었다. 그런데 B집단과 C집단에서는 무게 추 배열을 제대로 하지 못하였다. B집단은 무게 추를 원래보다 가벼운 쪽에, C집단은 무게 추를 원래보다 무거운 쪽에 배열하였는데, 이는 대조 효과와 동화 효과의 작용 때문이다. B집단이 무게 추를 배열할 때는 처음에 들어 보았던 350g짜리 추가 무게를 가늠하는 기준이 된다. 이들이 대부분의 무게 추를 원래보다 가벼운 쪽에 배열한 것은 처음에 들어 본 350g짜리 추가 B집단이 배열해야 하는 무게 추보다 훨씬 무거운 것이어서 상대적으로 다른 무게 추들을 가볍게 느껴지도록 만들기 때문이다. C집단에서 무게 추를 배열할 때는 처음에 들어 보았던 155g짜리 무게 추가 무게를 가늠하는 기준이 된다. 이들이 대부분의 무게 추를 원래보다 무거운 쪽에 배열한 것은 처음에 들어 본 155g짜리 추가 C집단이 배열해야하는 무게 추 중 가장 무거운 것과 동일한 무게였기 때문에, 상대적으로 다른 추들을 155g짜리와 비슷한 무게로 느껴지도록 만들기 때문이다.

	배열 전 비교 행위	배열 결과	
A집단	서로 다른 무게 추를 상호 비교	순차적 배열 성공	−
B집단	350g의 무게 추를 들어보게 한 뒤 배열	대다수를 원래보다 가벼운 쪽에 배열	대조효과
C집단	155g의 무게 추를 들어보게 한 뒤 배열	대다수를 원래보다 무거운 쪽에 배열	동화효과

우리가 백화점에서 정장을 사러 갔다가, 애초에 계획하지 않았던 셔츠나 넥타이 등도 함께 구입하게 되는 것은 이러한 대조의 효과가 작용하기 때문이다. 몇 십만 원이 넘는 정장에 비해 셔츠나 넥타이 값은 상대적으로 매우 저렴하다. 이미 비싼 물건을 구입한 상황에서는 셔츠나 넥타이를 사기 위해 몇 만 원을 더 지불하는 것이 별로 큰 지출로 느껴지지 않는 것이다.

2. 일관성의 법칙

일관성의 법칙이란, 사람들은 대부분의 경우에 일관성이 긍정적인 결과를 가져온다는 바로 그 믿음 때문에, 간혹 일관성 있게 행동하는 것이 주어진 상황에 적절하지 않을 때에도 아무런 생각 없이 자동화된 일관성의 습관에 따라 행동하는 경향이 있다는 것이다. 이러한 일관성의 법칙 때문에, 만약 누군가가 어떤 일에 대하여 상대방에게 '개입'(commitment)하게 되면, 그는 상대방을 자동적으로 조정할 수 있게 된다. 예를 들어, 어떤 사람이 '만약 누군가 자선기금을 요청하면 받아들이겠느냐'는 요지의 전화를 받는다고 하자. 대부분의 사람들은 좋은 인상을 주기 위해 '예'라고 대답한다. 그 후 실제로 자선기금 모금을 요청하는 사람이 방문하게 되면, 그는 모금에 응할 확률이 높다. 전화 통화에서 이미 모금에 대한 긍정적 대답을 했기 때문에, 실제 행동으로 옮길 때 자신이 내뱉은 말에 대해서 책임을 지려고 하는 일관성의 법칙이 작동하는 것이다. 이러한 일관성의 법칙으로 설득을 이끌어내는 보다 구체적인 전략으로서 '문전걸치기 전략'(the-foot-in-the-door technique)과 '미끼 전략'(a low-ball tactic)이 있다.

1) 문전걸치기 전략

문전걸치기 전략의 엄청난 영향력에 대하여 처음으로 인식한 것은 심리학자 프리드만(Freedman)과 프래이저(Fraser)[3]이다. 그들은 자원봉사자로 변장한 한 실험자가 캘리포니아의 부촌(富村)을 집집마다 방문하여, 그들의 집 정원에 '조심해서 운전합시다.'라고 쓰여 진, 크고, 볼품없으며, 글씨도 반듯하지 않은 공공간판을 설치하는 데 동의를 얻는 실험을 하였다. 부촌의 대다수의 주민들은 자신들의 집 정원에 공공간판을 설치하는 것을 거절하였다. 그러나 특정부류의 사람들은 76%가 이에 찬성하였다. 이들은 약 2주일 전 다른 실험자에 의해 '나는 안전 운전자입니다.'라는 스티커를 붙이고 다니는 데 동의한 그룹이었다. 그들은 2주일 전의 사소한 요청에 자발적으로 동의했기 때문에, 안전 운전에 대한 나중의 터무니없는 요청에도 기꺼이 응하게 된 것이다. 이 실험은 사소한 요청에 동의하게 되면, 나중에 보다 큰 요청에도 동의하게 될 가능성이 크다는 것을 보여준다.

2) 미끼 전략

사람들이 내부적으로 변하게 되면, 그들 내부에서 생성되는 심리적인 일관성의 압력 때문에 사람들은 스스로 그 변화를 지속시키거나 강화하고자 노력하게 된다. 즉, 사람들이 내부적으로 변하게 되면, 심리적 일관성의 압력 때문에 스스로 자기 행동을 합리화하는 새로운 근거를 계속해서 만들어가게 되며, 그 결과, 자신을 변화시킨 최초의 이유가 없어진다고 해도, 변화된 행동을 계속하게 된다는 것이다. 바로 이점을 이용한 전략이 '미끼 전략'이다. 예를 들어, 자동차 판매상의 판매 전략을 살펴보자. 일단 그들은 경쟁사보다 50만 원 정도 싼 가격으로 차를 팔겠다고 제안함으로써 고객을 유혹한다. 싼 가격에 매료된 고객은 차를 사기로 마음의 결정을 내린다. 그들은 고객으로 하여금 계약서를 작성하게 하고, 복잡한 할부 계약을 체결하게 하는 등 다양한 활동에 개입하게 만든다. 하루나 이틀 정도 시운전을 하게 하기도 한다. 이러한 과정을 통하여 고객들은 차를 사게 된 다양한 이유들을 스스로 만들어가게 된다. 그런데 최종적으로 계약을 체결하기 직전에 그들은 고객에게 깜박 잊고 에어컨의 가격을 넣지 않았다는 등의 이유로 50만 원을 추가로 낼 것을 요구한다. 이 때 대부분의 고객들은 계약을 파기하지 않는다. 그들이 차를 구매하고자 했던 첫 번째 이유-50만 원 할인-는 사라졌지만, 이미 그들에게 형성된 다른 동기들이 자기 합리화를 하도록 하여 계약을 체결하도록 만드는 것이다. 즉, 애초에 고객이 자동차를 구입하기로 결정하게 된 계기는 50만 원을 할인받을 수 있다는 것이었지만, 결국 50만 원을 할인받을 수 없게 되었다. 그런데 이는 고객이 이미 자동차를 구입하겠다는 의사를 밝힌 후에 밝혀진다. 이 때 계약을 파기하는 것은 자신이 지금까지 보여준 태도에 반하는 행위이므로 고객은 상당한 부담을 느끼게 된다. 게다가 지금까지 이 자동차를 결정하기 위해 자신이 들인 시간과 노력이 아깝다는 생각도 든다. 그냥 원래 50만 원 할인받기로 한 게 없었던 셈 치는 것이 훨씬 쉽고 편하다. 따라서 고객은 애초에 자신은 50만 원 할인받게 된 것 때문에 자동차를 구입하려고 한 것이 아니라, 원래 차가 좋았기 때문에 선택한 것이라고 생각을 바꾸고, 차를 구입하겠다는 의사를 계속 유지하는 것이다.

3) 문서화, 공론화

이러한 일관성의 법칙은 약속을 지키려는 심리와도 밀접한 관련을 갖고 있는데, 특히 약속은 말보다는 글로 남기는 것이 보다 효과적으로 이행될 수 있으며, 보다 공개적일 때 더욱 잘 지켜진다. 예를 들어, 다이어트, 금연, 금주 등 스스로 지키기 어려운 약속들은 남들에게 알리는 경우 그렇지 않은 경우보다 더 잘 지키게 된다고 하는데, 이러한 심리에는 일관성의 법칙이 작용하고 있기 때문이다.

3. 사회적 증거의 법칙

사회적 증거의 법칙이란, 사람들은 어떤 상황에서 무엇이 옳은가를 결정하는 데 있어서 얼마나 많은 사람들이 자신들과 똑같이 행동하느냐에 따른다는 것이다. 사회적 증거의 법칙의 영향력을 보여주는 대표적인 예로써, TV 코미디 프로의 '가짜 웃음'을 들 수 있다. 사회학자들의 연구에 따르면, 코미디 프로그램에 가짜 웃음을 사용하면, 사람들은 더 자주 웃을 뿐만 아니라, 그 프로그램이 더 재미있다고 생각한다고 한다. 가짜 웃음이 '남이 웃으니까 나도 웃어야 한다.'는 심리적 효과를 부추길 뿐만 아니라, '남이 웃는 걸 보니 재밌나보다.'라고 생각하게 만들기 때문이라는 것이다. 한국의 모 프로그램에서도 가짜 웃음의 효과를 실험한 적이 있는데, 실제로 실험 대상자들은 가짜 웃음이 삽입되는 경우, 그것을 따라 웃는 것으로 드러났다. 수업 시간에 선생님이 질문을 하라고 하면 대체로 처음 몇 분간은 교실 내에 정적이 흐르게 마련이다. 그러다가 누구라도 한 명이 질문을 시작하게 되면, 마치 물꼬가 트이듯이 활발하게 질문이 이어지는 경험을 해 본 적이 있을 것이다. 이것도 사회적 증거의 법칙이 작용하는 예라고 할 수 있다. 질문을 요청받은 처음 몇 분 동안 다른 사람이 아무도 질문을 하지 않는 상황에서 나만 혼자 튀어 보이는 것이 아닐까 염려하는 마음에서 선뜻 나서지 못하게 되는 것이다. 대한민국의 사교육이 활성화되는 것도 사회적 증거의 법칙이 작용하기 때문이다. 부모들은 학원에 보내는 것이 그리 효과적이라고 생각하지 않으면서도 '어쩔 수 없이' 비싼 사교육비를 지출한다. 남들도 다 하는데 나만 안 하면 뒤처지는 것 같은 불안감 때문이다. 이러한 사회적 증거의 법칙은 '상황의 불확실성'과 '유사성'의 조건하에서 특히 효과적으로 영향력을 행사한다.

1) 상황의 불확실성

우리는 상황이 불확실할 때, 주위 사람들의 행동을 관찰함으로써 어떻게 행동하는 것이 가장 적절할 것인가를 결정한다. 그런데, 매우 애매모호한 상황에서 모든 사람들이 다른 사람이 행동하는 대로 행동하려는 경향은 '다수의 무지'(pluralistic ignorance)와 '방관자 효과'(bystander effect)라는 문제를 야기한다. 사회적 증거의 법칙으로 야기되는 문제가 얼마나 엄청난 것인지를 보여주는 한 가지 사건이 있다. 바로 뉴욕 시의 퀸스 구에서 발생한 제노베스 살인 사건[4]이다. 제노베스는 늦은 저녁 집으로 돌아오는 길에 강도를 만난다. 길은 그다지 외진 곳도 아니어서 도와달라는 외침에 몇몇 아파트에서 불빛이 켜지기도 했다. 그러나 제노베스는 대로(大路)에서 무려 35분 동안이나 쫓겨 다니다가 3번씩이나 칼에 찔려 결국 숨을 거뒀다. 여기서 충격적인 것은 그 사건을 본 목격자가 무려 38명이나 되었음에도 불구하고, 그녀가 습격당하는 동안 그 어느 누구도 경찰에 연락하지 않았다는 사실이다. 그녀가 숨을 거둔 다음에야 한 증인이 마침내 경찰에 알렸을 뿐이다.

이 사건이 대대적으로 보고되면서 미국은 큰 충격에 휩싸였다고 한다. 타인의 삶에 무관심한 개인주의를 통렬히 비판하기도 하고, 도대체 왜 사람들은 위험에 처한 상황을 보고도 경찰에 신고하지 않았는지 그 이유를 밝히기 위한 연구가 다방면에서 이루어졌다. 심리학자들은 다수의 구경꾼이 위기에 처한 사람을 주지 않은 이유를 다음 두 가지에서 찾고 있다.

첫째, 다수의 무지이다. 많은 경우에 위기 상황으로 보이는 사건은 사실은 위기 상황이 아닐 수도 있다. 이러한 불확실한 상황에서 사람들은 어떻게 행동할 것인가를 결정하기 위해 다른 사람의 행동을 주시하는데, 다른 사람들 역시 사회적 증거를 찾고 있기 때문에 결국은 어떤 행동을 결정하는 데 지체될 수밖에 없다는 것이다. 즉 사람들은 불확실한 상황에서 그들이 목격하고 있는 상황이 진정한 위기의 상황인지, 그들이 직접 도움을 주어야 할 상황인지를 분명하게 이해하지 못하고 있기 때문에 아무런 행동을 취하지 않게 된다는 것이다.

둘째, 책임감의 분산으로 인한 방관자 효과이다. 위와 같은 상황에서 사람들은 모두 '누군가가 도와주겠지', '누군가가 경찰에 신고했을 거야'라고 생각하기 때문에, 위기에 처한 사람은 결국 아무에게도 도움을 받지 못하게 된다는 것이다. 군중들 사이에 있으면 사람들은 책임감을 분산시킨다. 그래서 응급 상황이 존재한다는 사실을 깨닫지 못하게 된다. 게다가 예를 들어 정신이 반쯤 나가있는 것 같은 지하철 승객을 깨우거나 연인들의 사적인 말다툼에 끼어드는 것에는 위험이 따를 뿐만 아니라 주변에 사람들이 많을 경우 그들 앞에서 창피를 당할지도 모른다는 위험까지 더해지기 때문에 아예 신경 쓰지 않는 편이 훨씬 안전하다고 생각한다. 이처럼 위급 상황에서 누군가를 돕는 행위는 그가 선한 사람인지 아닌지는 상관없다. 위급 상황에서 얼마나 빨리 도움을 받을 수 있는가는 군중의 숫자에 달려 있다. 군중의 수가 많으면 많을수록 책임감은 더 분산되어 누구도 쉽게 도움의 손길을 내밀지 못하게 된다. 군중 틈에서는 바로 눈앞에서 일어나는 응급 상황도 대수롭지 않은 일로 둔감할 수 있는 것이다.

그렇다면 위기상황에 처했을 때, 어떻게 하면 신속한 도움을 받을 수 있을 것인가? 지금까지의 연구에 따르면, 구경꾼들 전체에게 도움을 요청하지 말고, 반드시 아무나 특정인을 한 명 지목하여 도움을 요청해야 한다. 그래야 훨씬 신속한 도움을 받을 수 있다. 또 '도와주세요.'라는 막연한 요청보다는 '경찰에 연락해주세요.', '병원에 연락해주세요.'와 같이 보다 구체적인 요청을 하는 것이 훨씬 효과적이라고 한다.

2) 유사성

사회적 증거의 법칙이 특히 효과적으로 영향력을 행사하는 두 번째 조건은 '유사성'이다. 사회적 증거의 영향력은 우리가 우리와 비슷한 사람의 행동을 관찰할 때 그 효과가 가장 크다는 것이다. 증언식 광고는 이러한 사회적 증거의 법칙을 이용한 것이다. 학교에서 금연 프로그램을 실시할 때도 또래가 리더로 나설 때 더 효과적이라는 사실이 밝혀지기도 했다.

4. 호감의 법칙

호감의 법칙은 사람들은 호감이 가는 사람에게 더 잘 설득된다는 것을 말한다. 이는 이미 제2장에서 설득의 생산자 변인과 관련하여 살펴보았던 것들과 연관되는 부분이다. 설득을 보다 효과적으로 이끌기 위해 생산자는 '매력적'이어야 한다고 했는데, 이러한 매력은 수용자에게 호감을 유발하기 때문임은 이미 살펴본 바 있다. 제2장의 논의가 '어떻게 하면 호감을 주는 사람이 될 수 있는가?'에 초점이 맞춰진 논의였다면, '호감의 법칙'에 대한 논의는 '호감이 사람의 마음을 어떻게 움직이는가?'에 중점을 둔 논의가 될 것이다.

1) 후광 효과, 초두 효과

신체적으로 매력적인 사람은 일반적으로 상대방에게 호감을 준다. 신체적 매력은 후광 효과와 초두 효과라는 심리적 측면과 연관이 된다.

후광 효과(Halo effect)는 어떤 대상이나 사람에 대한 일반적인 견해가 그 대상이나 사람의 구체적인 특성을 평가하는 데 영향을 미치는 현상을 말한다. 어떤 사람에 대해서 '좋은 사람'이라는 인상이 형성되면, 그 사람에 대하여 모든 측면에서 긍정적으로 인식하게 되어, 능력도 뛰어나고 인간성도 좋아 보이게 하는 것이다. 예를 들어, 사람들은 대개 예쁜 여자들을 보면 마음도 아름다울 것이고, 행동도 아름다울 것이라고 생각하게 된다. 예쁜 얼굴이 호감을 형성해서, 이러한 호감이 마음이나 행동까지도 좋을 것이라고 판단을 하도록 영향을 끼친 것이다.

초두 효과(Primacy effect)는 대부분의 경우 먼저 제시된 정보가 나중에 들어온 정보보다 전반적인 인상 형성에 더욱 강력한 영향을 미치는 것을 말한다. 첫인상이 좋아야 하는 이유는 초두 효과가 꽤 강력한 힘을 발휘하기 때문이다. 사람들은 어떤 사람에 대해 처음에 좋은 인상을 갖게 되면, 나중에 그가 다소 부정적인 행동을 하더라도 그의 행동이 나쁘다고 생각하지 않는 경향이 있다. 처음의 좋았던 인상이 지금의 나쁜 인상을 합리화시켜 이해하려고 하는 동기를 유발하기 때문이다. 즉, 처음에 인상이 좋았던 사람이 뭔가 나쁜 인상을 주는 행동을 할 때, 사람들은 '그는 원래 나쁜 사람이다.'라고 생각하기보다는 '원래는 그런 사람이 아닌데 오늘 무슨 일이 있나보다.'라고 생각함으로써 좋은 인상을 계속해서 유지하려고 한다. 따라서 누군가를 소개할 때도 좋은 점을 먼저 소개하고 나쁜 점을 말해주는 경우와 나쁜 점을 먼저 언급하고 좋은 점을 말해주는 경우 상대방에 대한 인상이 전혀 다르게 형성된다. 전자의 경우에는 그에 대한 '좋은 인상'이 형성되는 반면, 후자의 경우에는 그에 대한 '나쁜 인상'이 형성된다. 게다가 한번 정해진 첫인상은 쉽게 바뀌는 것이 아니어서 좋은 첫인상을 주는 것은 설득에 있어서 매우 중요한 문제가 된다.

한편, 초두 효과와 정반대되는 것으로, 빈발 효과(Frequency effect)라는 것이 있다. 이는 어떠한 행동이나 태도, 그 외의 정보들을 반복해서 제시하게 되면, 나중에 들어온 정보들에 의해 이미 형성되어 있던 인상이 바뀌게 된다는 것을 의미한다. 만약 한번 정해진 인상이 절대로 바뀌지 않는다면 얼마나 비극적이겠는가? 비록 좋은 첫인상을 주지는 못했더 라도 빈발 효과 덕분에 그나마 '알고 보니 괜찮은 사람이네.'라는 소리를 들을 수 있는 것이다. 그러나 빈발 효과는 초두 효과만큼 강력한 것이 아니어서, 이러한 효과를 유발하기 위해서는 오랜 시간과 노력이 든다.

2) 유사성

신체적 매력 이외에도 사람들은 자기와 닮은 사람을 좋아하게 되는 데, 옷차림, 취미, 행동 등 아주 사소한 공통점이라도 발견하게 되면 상 대에게 호감을 갖게 된다.

한 실험[5]에 따르면, 길거리에서 약간의 돈을 빌리고자 했을 때, 그들 과 비슷한 복장을 한 경우에 요청받은 사람의 2/3가 응했으나, 그렇지 않은 경우에는 호응도가 절반에도 미치지 못했다고 한다.(Emswiller, Deaux, & Willits, 1971) 청원서 등에 사인을 받고자 했을 때도, 요청자들의 복장이 피실험자들의 복장과 비슷한 경우에는 응답을 얻기가 더 쉬웠 다고 한다.(Suedfeld, Bochner, & Matas, 1971) 또 어떤 연구자는 우편 발송 설 문지를 보낼 때, 보내는 사람의 이름을 수령자와 비슷한 이름으로(예를 들면, 김철수, 왕미나에게 보내는 설문 봉투에 보내는 사람의 이름을 각각 강철순, 안미나 등으로 적는 식으로) 적어서 보냈을 때, 그렇지 않 은 경우보다 응답률이 거의 두 배나 높았다고 한다.(Garner, 1999)

각종 설득 관련 지침서들에서는 상대방에게 설득을 이끌어내고 싶다 면, 우선 상대방의 작은 행동이라도 따르라고 충고하고 있는 것을 쉽게 찾아볼 수 있는데, 이는 바로 이러한 호감의 법칙에 기초하는 것이다.

3) 칭찬

사람들은 자신을 칭찬해주는 사람을 좋아한다. 노스캐롤라이나 주에서 행해진 한 연구[6]는 이러한 사실을 잘 보여주고 있다. 피실험자들은 그들에게서 도움을 얻고자 하는 어떤 사람(B군)이 그들에 대해 평가하는 것을 전해들은 뒤, 그에 대해 평가하도록 요청받았다. 피실험자들은 1,2,3 세 부류로 나뉘어, 1집단은 B군으로부터 긍정적인 평가를, 2집단은 B군으로부터 부정적인 평가를, 3집단은 B군으로부터 긍정적인 면과 부정적인 면이 섞인 평가를 전해 듣고 나서 B군에 대한 평가를 하도록 요청받았다. 실험 결과, B군의 의도가 도움을 얻기 위해서라는 것이 명백함에도 불구하고, 또한 긍정적인 평가의 진실 여부에 상관없이, B군에 대해 가장 호의적으로 평가한 집단은 1집단이었다고 한다.(Drachman, deCarufel, & Insko, 1978) 이러한 결과는 칭찬이 매우 강력한 설득의 도구가 될 수 있음을 보여준다.

5. 권위의 법칙

권위의 법칙은 사람들에게는 어느 특정 주제에 관해서는 권위를 가진 말과 지침을 수용하려는 경향이 있다는 것이다. 이는 이미 제2장에서 설득의 생산자 변인과 관련하여 살펴보았던 것들과 연관되는 부분이다. 설득을 보다 효과적으로 이끌기 위해 생산자는 '권위'가 있어야 한다고 했는데, 제2장의 논의가 '권위를 형성하는 요소는 무엇인가'에 초점이 맞춰진 논의였다면, '권위의 법칙'에 대한 논의는 '권위가 사람의 마음을 어떻게 움직이는가?'에 중점을 둔 논의가 될 것이다.

1) 권위에 대한 복종

권위에 대한 복종의 가장 유명한 연구는 심리학자 스탠리 밀그램 (Stanley Milgram)의 실험[7]이다. 그는 학습과 기억에 있어서의 징계 효과에 대한 연구를 한다며 지원자를 모집한 뒤, 한 사람에게는 '선생' 역할을, 다른 한 사람에게는 '학생' 역할을 맡도록 했다. 물론 여기서 학생은 밀그램의 실험조교였다. '학생'의 임무는 수많은 단어들 중에서 서로 관계가 깊은 두 단어의 쌍을 기억하는 것이고, '선생'의 임무는 학습자의 단어에 대한 기억력을 테스트하여 그가 실수를 할 때마다 전기 충격의 징계를 내리는 것이었다. 단어 테스트가 진행될수록 오답률이 증가했고, 그에 따라 전기 충격의 강도도 높아졌는데, '학생'이 아무리 비명을 지르고, 괴로워하더라도, '선생'은 연구자의 지시 없이는 '징계'를 멈추지 않았다. 물론 '선생'이 그 일을 수행하는 데 심적 동요가 전혀 없었던 것은 아니다. 오히려, 그들은 고통스러워하는 '학생'을 보는 것에 너무나도 힘들고 괴로워했다. 그러면서도 연구자의 지시 없이는 '징계'를 멈추지 않은 것이다. 전체 지원자 중 65%의 지원자가 이러한 태도를 보였는데, 이는 밀그램 자신도 1~2% 수준으로 예상했던 것에 비하면 우리가 권위자에 대한 명령에 대해 얼마나 맹종하는가를 알 수 있는 중요한 실험 결과라 할 수 있다. 사실 밀그램의 실험 동기는 나치 독일인들이 어떻게 그 많은 무고한 유태인을 학살할 수 있었는가를 이해하기 위해서였다고 한다. 밀그램은 실험이 끝난 뒤, "복종의 힘을 너무 많이 알게 되었다. 독일에까지 갈 필요가 없어졌다."고 했다고 한다.

2) 크기와 지위의 상관성

크기와 지위(권위)는 밀접한 상관관계를 갖는다. 이를 증명하기 위해

영국의 캠브리지 대학에서는, 한 방문객을 다섯 학급에 소개한 뒤, 그의 키가 얼마나 될 것인지 가늠해 보라고 요청하였다. 이 때 각 학급에는 그 방문객의 신분을 각각 '학생, 대학원생, 시간강사, 전임강사, 정교수'로 달리 소개하였다. 실험 결과, 방문객의 키에 대한 각 학급의 추정치는 평균 1.3cm씩 증가했다. 똑같은 사람의 키를 가늠한 것이었음에도 불구하고, 그를 '정교수'로 소개받은 학급에서 그를 '학생'으로 알고 있는 학급보다 그의 키를 5cm이상 더 크다고 판단한 것이다.(Wison, 1968)[8]

3) 권위의 상징물

권위는 직함, 옷차림, 자동차 등이 대변해준다.[9] 우리가 권위를 나타내는 직함에 기계적으로 복종하고 있다는 사실은 심리학자 피터스와 쎄씨(Peters & Ceci, 1982)의 연구를 통해서 살펴볼 수 있다. 그들은 미국 유명대학에 재직하고 있는 교수들이 최근에 발표한 학술 논문 12편을 선택하여 저자의 이름과 소속을 무명의 저자 이름과 소속으로 바꾼 뒤 그 논문들이 이미 게재되었던 학술지에 응모 형태로 제출했다. 이 사실이 발각되지 않은 채 심사과정을 무사히 통과한 9편의 논문 중 최종적으로 게재 승인을 받은 논문은 단 한 편에 불과했다.

복종의 두 번째 상징물은 옷차림이다. 다양한 종류의 제복은 권위를 상징하는데, 의사가 가운을 입는 것, 판사가 법복을 입는 것, 경찰이 경찰복을 입는 것, 군인이 군복을 입는 것 등은 그들의 권위를 드러내고자 한 것이다. 사회 심리학자 비크만(Bickman)은 옷차림에 따라 사람들의 반응이 달라진다는 것을 실험을 통해 증명하였는데, 그의 연구 조교는 길을 걷는 사람들에게 주변에 떨어져 있는 쓰레기를 주우라든지, 버스 정류장 건너편에 서 있으라든지 하는 상식 밖의 지시를 하고 사람들의 반응을 지켜보았다. 연구 조교는 젊은 남성이었고, 평상복 차림과 청원 경찰 복장의 옷차림에 변화를 주었는데, 평상복 차림이었을 경우는 그의 말을 따르는 사람이 별로 없었지만, 청원 경찰 복장 차림이었을 경우에는 그의 말에 따르는 사람들이 많았다. 연구 조교를 여성으로 바꾸었을 때도 똑같은 결과가 나왔다고 한다. 이외에도 우리 문화에서 전통적으로 권위를 나타내는 데 효과적으로 사용되는 것은 정장이다. 정장 차림이 낯선 사람을 복종시키는 데 효과적이라는 것을 증명한 한 실험은 다음과 같다. 텍사스 주에서 행해진 한 실험에서 연구자는 31살 된 연구 조교에게 한 번은 정장 차림으로, 또 한 번은 작업복 차림으로 무단 횡단을 하도록 하고, 함께 신호를 기다리던 보행자들이 얼마나 그를 따라서 교통신호를 위반하는가를 관찰하였다. 그 결과, 조교가 정장 차림일 때 그를 뒤따른 보행자들의 수가 작업복 차림에 비해 3.5배 높았다.(Leflkowitz, Blake, & Mouton, 1955) 이는 사람들이 옷차림에 권위를 투영하고 있음을 보여주는 예이며, 또한 옷차림을 조작하는 것만으로도 상대방의 복종을 얻어낼 수 있음을 보여준다고 하겠다.

우리 일상에서도 사람의 옷차림에 따라 대우가 달라지는 모습들은 쉽게 확인할 수 있다. 백화점에서 물건을 구입할 때, 옷을 허름하게 입을 때와 나름 신경 써서 차려 입었을 때 직원들이 대하는 태도가 달라지는 것을 느껴 본 적이 있는가? 아마도 한 번쯤은 직접적으로 차별 대우를 받아 봤거나, 간접적으로나마 그런 얘기를 들어 본 적이 있을 것이다. 그 곳이 명품 매장이라면 그러한 차이를 더 느낄 수도 있다. 물론 요즘은 서비스 산업이 발달해서 직원들이 웬만해서는 거의 티를 내지 않는다. 하지만 필자 역시 여러 번 이런 차별 대우를 받은 터라 그 이후에 백화점에 갈 때는 늘 신경 써서 옷을 입는다. TV나 영화 속에서도 사회 계층이 높을수록 고급스러운 옷차림을 하고 있는 모습으로 등장하는 것을 보면, 어쩌면 옷차림으로 사람의 지위를 판단하게 되는 것은 인간의 아주 자연스러운 본성일 것이다. 그러나 옷차림만으로 함부로 사람들을 판단해서는 안 될 것이다.

● 자료1 : 'KTF' TV CF

KTF 2001.03.16.

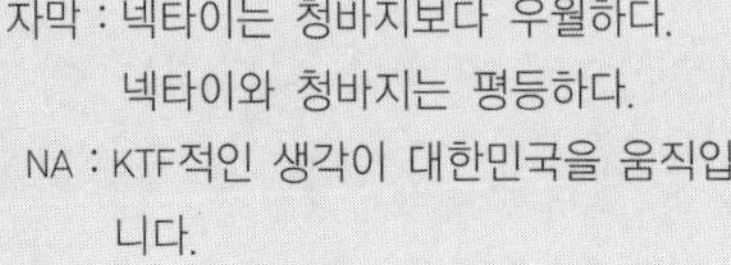

　위 광고는 2001년에 만들어진 'KTF' 광고인데, 옷차림에 대한 편견을 경계하는 내용을 담고 있다. 기사가 모는 고급차에 몸을 싣고 가던 한 중년의 남성이 출근길에 청바지 차림에 롤러스케이트를 타고 가는 젊은 남성을 보고 한심하다는 듯 혀를 끌끌 찬다. 회사에 도착한 그는 사장에게 인사를 하기 위해 사장실을 방문하는데, 놀랍게도 그는 아까 길에서 만난 그 한심한 청년이었다. 효과적인 설득을 위해 우리 스스로의 옷차림에 신경을 쓰는 것은 매우 중요한 문제이다. 그러나 상대방을 옷차림만으로 평가하지 않도록 하는 것도 명심해야 할 부분이다.

복종의 세 번째 상징물은 자동차이다. 샌프란시스코의 한 연구에서, 사람들은 신호가 파란불로 바뀌었는데도 앞차가 움직이지 않을 때, 앞차가 고급 승용차일수록 오래 기다렸다가 경적을 울린다는 사실을 발견했다. (Doob & Gross, 1968) 이 실험 후에 연구자들은 대학생에게 이러한 상황에서 어떻게 행동할 것인가에 대해 설문 조사를 하였는데, 그들의 대답은 값싼 자동차보다는 값비싼 자동차에 대해 더 빨리 경적을 울릴 것이라고 말한 비율이 훨씬 높았다. 이는 실제 실험결과와 상반되는 견해로서, 권위의 압력에 대한 다른 연구 결과들과도 유사한 결과를 보여준다. 이는 사람들이 실제로 권위의 영향력을 실제의 크기보다 훨씬 과소평가하고 있다는 것을 드러내며, 바로 그 점이 권위의 법칙을 훨씬 효과적인 영향력의 도구로 만들 수 있다는 점을 드러낸다고 하겠다.

자동차가 권위를 상징한다는 증거로서, 우리 주변에서 회장님이나 정부 고위 관계자, 검사, 의사 등 사회적으로 지위가 높은 사람들 타고 다니는 차를 떠올리면 쉽게 이해될 수 있을 것이다. 이들은 주로 검정색 고급 세단을 탄다. 우리가 회장님을 직접 만날 기회가 없다고 하더라도 TV나 영화 속에 등장하는 거물급들이 타고 다니는 차는 늘 이런 유형이다. 게다가 TV나 영화 속 젊은 재벌 2세들은 거의 대부분 고가의 외제 스포츠카를 몰고 다닌다. 만약 그들이 국산차를 타는 것으로 묘사된다면, 그 자체만으로도 화젯거리가 될 것이다. 또한 만약 그들이 국산 소형차를 타고 나오기라도 한다면, 사람들은 왠지 모를 부조화를 느끼게 될 것이다. 이는 사람들이 TV 속 재벌 2세들이 늘 비싼 스포츠카를 모는 것에 대해 비판하면서도, 어느새 우리 스스로 '재벌 2세 차 = 고급 외제 스포츠카'라는 인식을 하고 있다는 것을 드러내는 것이다. 즉, 우리들은 우리도 모르는 사이에 좋은 차를 몰면 사회적 지위가 높거나, 집안이 좋을 것이라고 세뇌되어 있는 것이다.

6. 희귀성의 법칙

희귀성의 법칙이란, 사람들은 어떤 대상이 귀한 것, 앞으로 얻게 되지 못할 것이라고 생각하게 되면, 그것을 더욱 중요하게 여긴다는 것이다.[10] 사람들에게는 일반적으로 쉽게 얻어지지 않는 것은 상대적으로 그 가치가 높다는 인식이 잠재되어 있기 때문이다.

1) 심리적 저항

영화 〈로미오와 줄리엣〉

'과연 로미오와 줄리엣이 원수의 집안이 아니었어도 그토록 사랑했을까?' 아마도 두 집안이 원수의 집안만 아니었더라도 둘이 그렇게 비극적인 결말을 맞지는 않았을 지도 모른다. 둘을 너무 강하게 떼어놓으려고 한 것이 역효과를 낳은 것이다. 사람에게는 누구나 하지 말라고 하면 더 하고 싶어지는 욕구가 있기 때문이다. 브렘(Brehm)은 이를 '심리적 저항 이론'(the psychological reactance theory)이라고 했다. 그는 사람들이 어떤 대상에 대해 선택의 자유가 제한되거나 위협 당하게 되면, 그 자유를 유지하기 위한 동기가 유발되어, 그 자유, 그것과 관련된 대상을 이전보다 더욱더 강렬하게 원하게 된다고 하였다. 즉 희귀성이 인간의 심리적 저항 유발하여 사람들을 행동하게 하는 것이다. '마감 세일'이나 '한정 판매' 등의 문구에 보다 자극을 받아 물건을 구매하게 되는 것은 희귀성의 법칙이 작용하기 때문이다. 1992년, 마광수 교수의 『즐거운 사라』
는 그 당시 사회에서 받아들이기에는 충격적인 외설성 때문에 판금 조
치를 당했고, 저자는 대법원에서 유죄판결까지 받게 되었다. 외설스런
내용의 소설을 썼다는 이유로 저자를 구속한 세계 최초의 사례였기 때
문에, 표현의 자유와 실정법 적용에 대한 격렬한 논란으로 대한민국이
들썩했었는데, 이러한 논란의 상황을 떠나서 매우 놀라운 것은 사람들
이 그 책을 구하기 위해서 필사적이었다는 사실이다. 판금 조치가 취해
지기 이전에 책을 손에 넣으려는 사람들 때문에 서점가에 비상이 걸렸
다는 기사를 심심치 않게 접할 수 있었다. 이러한 현상은 탤런트 서갑
숙 씨의 『나도 때론 포르노그라피의 주인공이고 싶다』의 경우에도 비
슷한 양상을 보였는데, 이 책은 과도한 음란성으로 적지 않은 사회적
파장을 몰고 왔음에도 불구하고, 출판이 되자마자 베스트셀러가 되었
다. 이 책이 베스트셀러가 된 이유는 여러 가지가 있을 수 있겠으나, 희
귀성의 법칙이 작용한 것은 확실하다. 검찰 수사까지 확대되면서 판금
조치가 취해질지도 모른다는 상황이 사람들의 마음을 움직인 것이다.

갑작스런 희귀성은 혁명의 원인이 되기도 한다. 역사가 토마스 플레
밍(Fleming, 1997)에 따르면, 미국 주민들은 독립 전쟁 즈음까지도 자신들
이 서구에서 가장 높은 생활수준과 가장 낮은 세금 체계에 속해 있다
는 것을 깨닫지 못했다고 한다.[11] 그러나 영국이 세금 징수로 이러한 미
국의 번영을 가로채려 했을 때, 주민들이 거세게 저항하여 일어난 것이
독립 전쟁이다. 이러한 현상은 국가적 차원이 아니라, 가정에서도 찾아
볼 수 있다. 예를 들어, 부모가 자녀에게 밥을 먹을 때 TV 시청에 대하
여 금지와 허락의 일관성 없는 제제를 가하는 경우를 생각해보자. 이러
한 상태가 지속되다가 만일 어느 날부터 TV 시청 금지를 강화하게 되
면 아이들은 매우 거세게 반항하게 된다. 이는 아이들이 갖고 있던 권

리를 박탈당했다는 심리적 저항감 때문이다.

2) 경쟁 심리

희귀성의 법칙은 경쟁 심리를 자극하기도 한다. 사람들은 희귀한 물건을 선호할 뿐만 아니라, 그 희귀한 물건이 경쟁 상태에 있을 때 더욱 선호하게 된다. 애정이 시들해진 연인에게 새로운 경쟁자가 나타났을 때, 갑자기 뜨거운 사랑을 느끼게 된다든지, 희귀한 물건일수록 경매가가 하늘 높은 줄 모르고 치솟게 된다든지, 물건 구입에 망설이고 있는 순간, 다른 사람이 그 물건을 사려고 하면 신속한 구매 결정을 짓는다든지 하는 것들은 모두 희귀성의 법칙에 따라 경쟁 심리가 자극된 예라 하겠다.

● 광고 속 설득의 법칙
  － 다음 광고들 속에 숨어있는 설득 법칙이 무엇인지 찾고 그 이유를 생각해 봄으로써, 설득의 여섯 가지 법칙에 대해 배운 내용을 총 정리해보자.

신한카드 2012.11.14.

여 : 예쁘다
남NA : 10명을 만족시키는 힘은?
여 : design
남NA : 만 명을 만족시키는 힘은?
여 : Trend
남NA : 그럼 2,200만을 만족시키는 힘은?
여 : 어?
남NA : 신한카드. 2,200만 빅 데이터로 모두 스마트한 생활을.
GINGLE : SMART POWER 신한카드

B

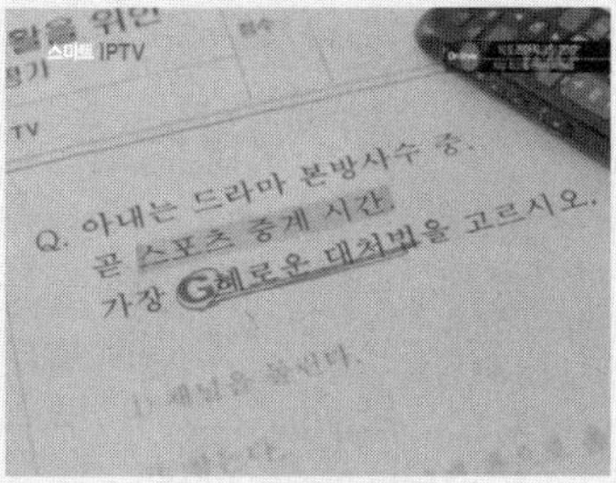

U+tvG 2012.12.26.

남NA : 드라마와 스포츠 중계가 겹친 날 지혜로운 대처법은? / 채널을 돌린다

여NA : 맞는다.

남NA : 참아본다 / 여NA : 또 맞는다.

남NA : U+tv G로 간편하게 폰으로 옮겨서 본다.

여NA : 터치 한 번이면 IPTV가 폰 속으로 쏙. 프리미엄 인기채널과 5만여 편의 VOD까지 월 9900원으로 다 누리는 이게 바로 tv의 G혜

U+tv G

남NA : 당신이 경험한 tv의 G혜를 올려주세요

C

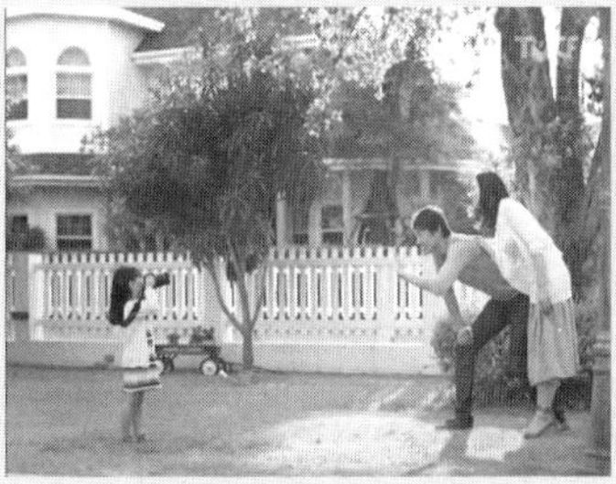

캐논 EOS 600D 2011.03.10.

NA : 아이의 표정은 이렇게나 다양한데 지금 당신의 카메라는 그 표정들을 다 담고 있나요?

매일 매일이 드라마이자 뮤지컬인 생활 다시 안 올 이 순간을 완벽하게 남기세요.

우리가족첫 번째 DSLR

EOS 600D Canon

D

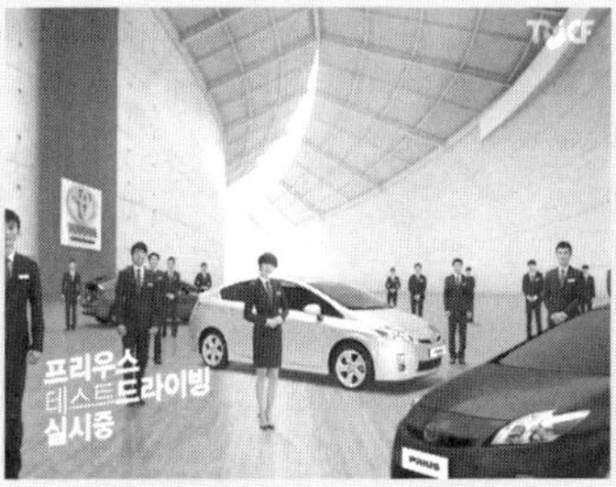

토요타 2010.11.17.

NA : 이 정도면 대중교통비에 도전할 만하지 않을까?

프리우스의 놀라운 능력

직접 확인해 보세요.

프리우스 테스트드라이빙 실시.

토요타에 가자.

자막 : 노벨의학상 수상자 배리마셜박사
남 : 모든 균은 진화합니다.
　　위 속 헬리코박터균도 예외는 아니죠.
　　헬리코박터프로젝트는　계속되야　합
　　니다.
자막 : 특허유산균 HY2177, HY2743함유
NA : 위에는 윌입니다.
　　헬리코박터프로젝트 윌

월 2011.07.18.

자막 : 정장을 피하라. 무슨 짓을 해도 지
　　적으로 보일 것이다.
Shine 블랙라벨시리즈
JINGLE : 싸이언 아이디어

싸이언 206.11.28.

　A는 사회적 증거의 법칙을 이용한 광고이다. 위의 광고는 해당 카드를 사용하는 고객이 2,200만이나 된다는 점을 강조함으로써, 대다수의 사람들이 이 카드를 사용하고 있다는 점을 알리고 있다. 수용자들은 2,200만이나 되는 사람들이 사용하는 카드이니 좋은 카드인가 보다 생각하게 될 것이고, 자신이 2,200만에 속하지 않았다는 사실에 불안감을 느끼게 될 수도 있다. 이러한 감정은 해당 카드를 소유하고자 하는 욕구를 유발하게 된다.

　B는 일관성의 법칙을 이용한 광고이다. 우리는 앞에서 일관성의 법칙의 한 전략으로 '문전걸치기 전략'이 있음을 살펴보았다. 사소한 요청에 응답을 하게 되면, 일관성을 유지하려는 심리 때문에 더 큰 요청에 응하게 만드는 전략이었다. 이 광고는 설문 조사의 형식을 취함으로

써, 수용자들의 직접적인 참여를 유도하고 있다. 수용자를 광고에 이끄는 힘은 제시된 여섯 개 광고 중에서 가장 높다. 이러한 참여는 좀 더 직접적으로 제품에 대해 궁금증을 유발할 것이고, 궁금증을 해소하기 위해 실제로 제품을 경험해보고 싶어 하거나, 제품의 실사용자들에게 평가를 듣고자 할 확률이 높다. 이러한 행위들이 제품 구매로 이어질 확률 또한 높다.

C는 희귀성의 법칙을 이용한 광고이다. 광고에서는 '다시 못 올 이 순간'을 어서 빨리 제품으로 찍어두라고 수용자들을 독려하고 있다. 아이들이 자라는 것은 한순간이고 시간은 되돌릴 수 있는 것이 아니라는 점을 강조함으로써, 사람들에게 그 순간이 가치가 있는 순간임을 환기하고 있는 것이다.

D는 상호성의 법칙을 이용한 광고이다. 광고에서는 '테스트 드라이빙을 실시'를 알리고 있는데, 테스트 드라이빙과 같은 전략은 마트의 시식 코너와 동일한 전략이다. 수용자를 테스트 드라이빙에 참여하도록 함으로써, 차의 매력을 직접 경험하도록 함은 물론, 빚진 느낌을 유도하는 전략이기 때문이다.

E는 권위의 법칙을 이용한 광고이다. 노벨의학상을 수상한 박사님을 등장시켜 메시지에 대한 신뢰도를 높이고, 제품 구매를 촉구하고 있다.

F는 호감의 법칙을 이용한 광고이다. 앞에서 호감의 법칙과 관련된 심리적 기제로서, 하나가 좋아 보이면 나머지도 다 좋아보이게 만드는 '후광 효과'에 대해 설명한 바 있다. 이 광고에서는 shine 폰이 이러한 후광 효광을 유발하는 촉발제가 될 것임을 강조함으로써 수용자의 구매 욕구를 자극하고 있다.

–다음의 실험을 참고로 하여, 설득의 법칙을 입증할 실험을 설계해보자.

▌실험1 : 권위의 법칙 : 화가의 권위와 그림
  절차1. 러시아 정물화가 데무스의 작품과 주민 센터의 일반인 작품 준비.
    2. 두 작품의 작가 안내를 바꾸어 표시함.
    3. 두 작품 중 가격이 비싸 보이는 작품에 투표 요구.
  결과. 실제 작가와는 무관하게 화가의 작품이라고 표시한 쪽이 더 비싸
    보인다고 응답.

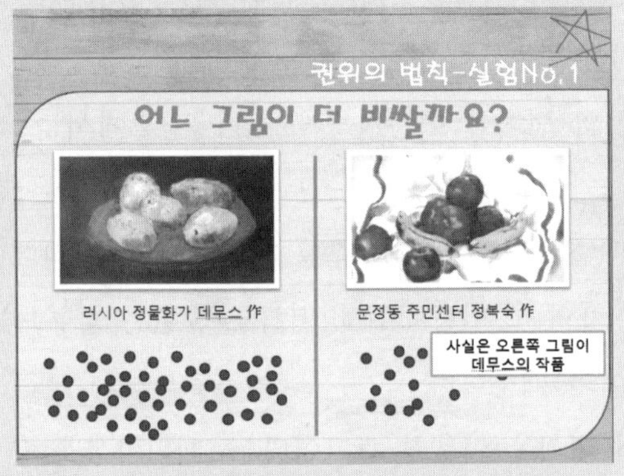

  한계. 애초에 사람들은 실제 작가의 작품이 어떤 것인지 몰랐으므로, 대조
    군(원래의 표지를 주고 가격 표시를 하도록 요구)에 대한 조사가 있
    어야 결과의 타당성을 얻을 수 있음.

▌실험2 : 권위의 법칙 : 자동차의 권위
  절차1. 피실험자 차량 앞뒤에 국산차와 외제차로 주차된 차량의 진행의 진
    행을 막아, 둘 중 하나를 치우지 않으면, 출차를 할 수 없도록 함.
    2. 피실험자가 어느 차주에게 전화를 하는지 확인

결과. 차를 빼달라는 요청 전화 총 5회 중 국산경차에 전화 4회, 외제차 1회.
　　　인터뷰를 통해, 국산경차에 대한 심리적 부담감이 덜했음을 확인.
한계. 더 많은 경우의 수를 산출하지 못한 아쉬움.

▌실험3 : 희귀성의 법칙 : '들여다보지 마시오.'라는 자유의 제한에 대한 심리적
　　　저항실험.
절차1. 사람의 왕래가 많은 길 한 복판에 안을 확인할 수 없는 빈 박스를
　　　놓아둠.
　　2. A와 B 두 가지 경우로 실험.
　　　(A : 아무 표지 없음. B : '들여다보지 마시오.' 문구 부착.)
　　3. 지나가는 사람들이 그 박스에 얼마나 많은 관심을 보이는가.
결과. '들여다보지 마시오.'를 붙여놓은 경우 더 많은 관심을 보임.
한계. 애초에 박스가 들여다보고 싶을 만큼 매력적으로 보이지 않으므로,
　　　애초에 '자유의 제한에 따른 심리적 저항 유발'의 실험설계에 문제
　　　가 있음.

－2012년 2학기 학생 과제 일부 발췌 재구성

1 로버트 차알디니, 2001, 『설득의 심리학』, 21세기북스, pp.54~55 참고.

2 박기철, 2002, 『세상에서 가장 쓴 광고책』, 커뮤니케이션북스, pp.46~47 참고.

3 로버트 차알디니, 위의 책, pp.127~128 참고.

4 로버트 차알디니, 위의 책, pp.200~206 참고.

5 로버트 차알디니, 위의 책, pp.247~249 참고.

6 로버트 차알디니, 위의 책, p.251 참고.

7 캐서린 콜린 외, 2012, 『심리의 책』, 지식갤러리, pp.248~252 참고.

8 로버트 차알디니, 위의 책, pp.308~309 참고.

9 권위의 상징물에서 언급된 일련의 실험들은, 로버트 치알디니, 위의 책, pp.314~320 참고.

10 사실 엄밀한 의미에서 '희귀성'은 '희소성'과 매우 다른 개념이다. 경제학에서는 이 두 용어를 매우 엄격하게 구분하여 사용하고 있다. 자유재와 경제재를 판단하는 기준이 되는 개념이기 때문이다. 희귀(rare)는 개체의 수나 양이 아주 적다는 뜻이다. 안경원숭이나 오카피와 같은 희귀동물, 루게릭병과 같은 희귀병을 떠올리면 된다. 희귀는 절대적인 숫자나 양을 기준으로 한다. 희소(scarce)는 절대적인 양을 기준으로 하는 게 아니라 '사람들이 얼마나 갖고 싶어하느냐'에 따라 결정되는 개념이다. 아무리 양이 많더라도 원하는 사람들이 그것의 개체수보다 많으면 희소성이 있다. 아무리 양이 적더라도 그것을 원하는 사람들이 그것의 개체수보다 적으면 희귀성은 있지만 희소성은 없다. 예를 들어, 나의 돌 사진이 단 한 장뿐이라고 하더라도 그것을 원하는 사람은 나 이외에는 없을 것이기 때문에 나의 돌 사진은 희귀하지만 희소한 것은 아니다. 그러나 이 책에서는 '희귀성'과 '희소성'을 따로 구분하여 사용하지 않고, 이 둘을 모두 포함한 개념으로서, '희귀성의 법칙'이라는 용어를 사용하고 있음을 기억하기 바란다. 위의 정의에서 '귀한 것'은 '희귀성'과, '앞으로 얻게 되지 못할 것'은 '희소성'과 관련된다고 볼 수 있을 것이다.

11 로버트 차알디니, 위의 책, p.354 참고.

메모

메모

메 모

메 모

저자 ▎**고창운**

　　건국대학교 국어국문학과 교수

　　문학박사(국어학)

　　저서 『서술씨끝의 문법과 의미』(박이정, 1995) 외 다수.

▎**윤재연**

　　건국대학교 국어국문학과 강사

　　문학박사(국어학)

　　논문 「텔레비전 광고 구조의 텍스트 언어학적 연구」 외 다수.

소통을 위한 설득의 기술

　초판 1쇄　2013년 3월 14일
　초판 2쇄　2015년 2월 27일
　지은이　고창운 · 윤재연
　펴낸이　이대현
　편　집　박선주
　디자인　이홍주
　펴낸곳　도서출판 역락
　　　　　서울시 서초구 동광로 46길 6-6(문창빌딩 2F)
　　　　　전화 02-3409-2058(영업부), 3409-2060(편집부)
　　　　　팩시밀리 02-3409-2059
　　　　　이메일 youkrack@hanmail.net
　　　　　등록 1999년 4월 19일 제303-2002-000014호
　ISBN　978-89-5556-037-4　03700
　역락 블로그　http://blog.naver.com/youkrack3888

　정　가　10,000원

* 잘못된 책은 구입처에서 바꾸어 드립니다.